Schweizer Rezepte

Neu entdeckt

Schweizer Rezepte

Susanne Vögeli
Al Imfeld

best of switzerland
WERDVERLAG silva Schweizer Familie

Rezepte und Styling: Susanne Vögeli, Aarau
Assistenz Styling: Anita Oeschger, Aarau
Fotos: Dave Brüllmann, Zürich
Lektorat: Pia Messerli, Bern
Bearbeitung Text Al Imfeld: Brigitta Klaas Meilier
Schlussredaktion: Christina Sieg
Konzept, Gestaltung und Satz: SchererKleiber CD, Zürich
Herstellung: Katrin Zbinden

ISBN 3-85932-346-6
Titelnummer 152/00153.7
www.werdverlag.ch

Ein kulinarischer Streifzug durch die Schweiz. Niemand isst einfach, was er isst, denn alle Gerichte werden in einem Zusammenhang, einer Mit-Welt, einer Umgebung gegessen. Schon ein Löffel verwandelt ein Gericht. Eine Mahlzeit, im Sommer auf der Alp im Freien genossen, schmeckt anders als dasselbe Gericht zu Hause oder in einem städtischen Restaurant. Und schmeckt nicht das Bier in der Lieblingskneipe unvergleichlich viel besser als in einer beliebigen anderen? Hinzu kommen die Tischsitten. Die Art und Weise, wie etwas serviert wird, bestimmt seit alters her den Unterschied zwischen Werktag und Sonntag. So ist es gewissermassen ein Unding, ein Berner Rezept aus dem 18. Jahrhundert isoliert weiterzugeben; es müsste geradezu nachgespielt werden. Das Essen, das Mahl als Variante des Theaters. Schliesslich zeigt sich die kulturelle Prägung des Essens bis in die Details des Bestecks, dessen Anfang im Löffel liegt, die Gabel ist eine wesentlich spätere Erfindung und die Spitzfindigkeit eines grossen und kleinen Löffels erst recht.

Salm nach Basler Art, Seite 34

Nicht unwesentlich prägen auch die jeweiligen Nachbarn das eigene Essen. Da die Schweiz klein ist und viele Nachbarn hat, gehen ihre Essgelüste auch immer über die eigenen Grenzen hinaus, was besonders in Basel augenfällig wird mit seiner engen Beziehung zum Elsass. Zudem wurde die allseits berühmte und hier heimische Mehlsuppe ebenso wie die Milchsuppe über einen langen Zeitraum zum Symbol eines religiösen Kulturkampfes. Und ob der Salm bis Basel den Rhein hochschwimmen durfte, hing nur allzu oft vom Wohlwollen der anderen Herren am Rhein ab. Für weite Teile der Basler Landschaft bis ins aargauische Fricktal aber ist etwas ganz anderes charakteristisch. Hier befinden wir uns mitten im Schweizer Kirschenparadies. Schon die so schön blühenden Bäume und erst recht die später unter den breiten Blättern versteckten Kirschen sind ein Zustand des Glücks. Kirschen, ob direkt vom Baum oder gekocht, mit geröstetem Mehl, mit Rahm bis hin zur Kirschwassercreme, sie spielen im Basler Leben eine wichtige Rolle. Man fühlt sich an einem kosmologischen Vorgang beteiligt, wenn Eigelb mit Zucker schaumig geschlagen, zu etwas Wasser und Zitronensaft Kirschwasser geträufelt und das Gemisch zum Kochen gebracht wird: Im Duft des besonnenen Umrührens wird die ganze Welt neu geboren.

Mit dem Fricktal befinden wir uns schon im Aargau, den als kulinarische Einheit zu betrachten, wohl nicht einmal einem Tor einfallen würde. Eher entspricht die Küche des Kantons einer Suisse en miniature, denn sie ist von Zuflüssen – entlang von Aare, Reuss, Limmat und Rhein – geprägt und wird zu vier Städten hingezogen: zu Zürich, Basel, Luzern und Zug. Das Freiamt atmet stark den Luzerner Küchengeruch, wohin die Fricktaler Kirschen neigen, haben wir schon gehört, Zofingen und der Oberaargau leben stark vom Bernischen und sogar Solothurnischen, denn Olten wurde in früher Eisenbahnerzeit zu einem Schnittpunkt der Schweiz. Auf diesem Drehkreuz liefen die Züge aus Basel und Luzern, aus Bern und Zürich ein, Gewerkschafter der ganzen Schweiz assen im Bahnhofbuffet den typischen Cervelatsalat, einen Käse- und Kartoffelsalat oder für etwas mehr Geld auch die Kalte Platte. Die zahlreichen Hotels in der Nähe boten stets beste Schweizer Küche, in der sich jeder zu Hause fühlen konnte. Aber natürlich ist der Aargau vor allem als Rüeblikanton bekannt. Warum? Das weiss kein Mensch. Einige glauben fest, das beruhe auf der Torte, denn man muss zugeben: Nirgends auf der Welt gibt es eine derart raffiniert und geheimnisvoll gestaltete Rüeblitorte. Ihr Geheimnis war der Puder- oder Staubzucker mit der Spritzglasur. Und wo bleibt das Rüebli? Verwandelt. Rüeblibauer genannt zu werden, war unangenehm, aber Rüebli aus Marzipan, das mochten alle. So wurde die Rüeblitorte zu einer wunderbaren, um nicht zu sagen süssen Selbstverdrängung. Man isst immer noch Rüebli, aber man ist jemand anders.

Machen wir den gar nicht so weiten Sprung vom Freiamt ins Luzernische und überspringen dabei die Kantonshauptstadt, so landen wir: im Napf. Wie sich das schöne altdeutsche Wort für ein Gefäss in dieses Gebiet geschlichen hat, wäre erst noch zu erforschen, fest stand indessen für Hinterländer und Entlebucher immer, dass die Menschen der Stadt Luzern nie dasselbe Brot wie sie gegessen haben. Davon zeugt der ehemals gängige Satz: «Die Herren in Luzern draussen fressen uns das Zeug weg. Das Gute kommt nicht über Luzern hinaus.» Denn aus hungernder Distanz sah man die Güter aus dem Süden über den Vierwaldstättersee bis nach Luzern, aber nicht weiter vordringen. War nicht in diesen Gütern, die den langen Weg aus dem Süden nahmen, alles Gute, Grosse, Süsse und Tröstende vereint? Noch bis zum Zweiten Weltkrieg hielt sich hier der Glaube an Überfluss und Opulenz der Städter. Zwar bildete die Zentralschweiz insgesamt seit Jahrhunderten den Schnittpunkt der Kulturen, und die Römer waren durchs Napfgebiet nach Norden gezogen. Doch im Mittelalter war es nur noch der St.-Jakobsweg, der die nicht unbedingt wohlhabenden Pilger nach Süden hier durch führte. Die durchaus feststellbare Einheit der zwei Agrarkulturen dieses Ge-

Rüeblichueche, Seite 40

biets wurde von ihren Bewohnern lange, noch bis in die Sechzigerjahre des 20. Jahrhunderts, nicht als eine solche erlebt. Sind die Luzerner Kühe braun, sind die Berner gefleckt und gescheckt wie der Glaube ihrer Besitzer, fand man im katholischen Entlebuch und Hinterland, denn das Emmental war reformiert. Kontakte wurden also möglichst vermieden, denn aus solchen werden nur allzu leicht Ehen, die dann ebenso gefleckt, wenn nicht befleckt, wären wie die Kühe. Aber einen Wettbewerb, den gab es schon: um die bessere Milch, die bessere Butter, um den besseren Käse und die bessere Rösti. Beides entschieden die Berner für sich. Zuerst erfanden sie zu Beginn des 19. Jahrhunderts den von aller Welt bestaunten und zum Glück auch bestellten Emmentaler, und als schliesslich die Bernerinnen damit begannen, unter die morgendliche Rösti rote Speckwürfel zu mischen, waren die Hinterländer und Entlebucher zu arm, um es ihnen gleichtun zu können. Sie mussten sich vorläufig mit dem «Greupi» begnügen, den etwas gelblichen Überbleibseln des bereits ausgekochten Fetts. Und war nicht im Jahrhundert zuvor schon die bis ins reformierte Emmental vorgedrungene Kartoffel selbst aus diesem protestantischen Preussen eingewandert, in das sich jetzt der Emmentaler so gut verkaufen liess? Da musste man im Glau-

Rösti, Seite 48

ben schon recht fest zusammenstehen, wollte man nicht irre daran werden, dass die «Gummele» der Emmentaler Bauern tatsächlich auch noch grösser und schöner waren. So liessen sie in ihrem Eifer nicht nach, aus fast jeder Familie einen Gardisten nach Rom oder einen Sohn, eine Tochter in die Mission zu schicken. Für die Genussfähigkeit der Gegend aber steht eine ganz besondere Köstlichkeit: das Willisauerringli. Es ist steinhart, erinnert sehr an Napfgranit, man kann – oder muss – es stundenlang kauen. Es entstammt der Soldatenzeit des Zweiten Weltkriegs und ist als Halbbruder des Kaugummis zu denken. Auch andere Biskuitprodukte aus Malters oder Langnau sind bekannt, geradezu einmalig aber ist das Dessert aus Luthern, die gigantische Napfmeringue. Und natürlich Lebkuchen: Der war einst aus dem

Luzerner Lebkuchen, Seite 56

im Herbst durch nächtelanges Kochen von Most erhaltenen Birnenhonig entstanden, und Kinder hätten am liebsten das Brot durch ihn ersetzt.

Waren es im Luzernischen also eher Schmalhans und seine Schwester Armut, die die Küchenrezepte beherrschten, so lässt sich das im Kanton Bern allenfalls für einige Randgebiete behaupten. Die Heimat stolzer Flachland- und Oberländer Bauern hielt stets einen gut gefüllten Suppentopf bereit, aber nicht nur das. Die Berner Platte mit ihren variantenreichen Zutaten: Sauerkraut und gedörrte Bohnen als Umrandung von gekochtem Rippli, Saucisson, Gnagi, geräuchertem Speck oder kurz nach dem Schlachten auch Blut- und Leberwürsten, dies alles mal heiss, mal kalt mit einem Glas Most genossen, sie steht für den Reichtum der bäuerlichen Küche. Gleich daneben natürlich die nicht weniger variantenreiche Rösti. Mit ihr verwandeln die Bernerinnen ein Nachtschattengewächs in Licht, das die Sonne in die Stube bringt. Nicht nur zogen sie die bereits bekannten Speckwürfel unter die Rösti, sie bereiteten statt der üblichen Pell- auch Bratkartoffeln mit «Schmutz», Schweinefett, zu. Als optische Bereicherung der Salzkartoffeln musste ein bisschen Grün her: Schnittlauch, Peterli, im Frühjahr sogar Löwenzahn. Auch der Lauch kam bei den Bernern mehr als anderswo auf den Tisch, als Beilage zur Bratwurst war er mehr als nur Garnierung. Böse Zungen wollen sogar wissen, dass für Knechte und Mägde oft nur noch der Lauch auf dem Teller lag; geheimnisvoll verschwunden war die Wurst. Überhaupt: Mägde und Knechte. Es war Jeremias Gotthelf, der die bis in die Dreissigerjahre festgefügte Sozialordnung eines grossbäuerlichen Lebens so treffend zu charakterisieren wusste. Für den Grossbauern, schrieb er, stehe jedenfalls fest, dass «der liebe Gott mehr Aufmerksamkeit für Ochs und Kalb, für Ross und Sau hat als für Knechte und Mägde». Städtisch geprägten Menschen von heute mag es schwer fallen, sich vorzustellen, wie die am unteren Ende des langen Küchentisches sitzenden Mägde und Knechte zusahen, wenn zuerst der Bauer, dann

Bärner Platte, Seite 64

die Bäuerin das Essen für sich schöpften, die Mutter schliesslich die Kinder bediente, bis sie selbst ihr Essen erhielten, und oft arbeiteten sie für nicht mehr als gerade diese Mahlzeiten sowie das Dach über dem Kopf. Mit etwas Glück wartete im Alter ein Heim auf sie, in dem es morgens einen Milchkaffee mit Brot, gelegentlich auch Konfitüre, mittags eine Suppe gab – wenngleich es kaum die berühmte Krebssuppe, sondern wohl eher eine Kartoffelsuppe war. Das Abendbrot, durchaus wörtlich genommen, wurde mit billigem Ausschusskäse als Beigabe bedacht.

Der Zwiebel bringen die Berner eine geradezu abgöttisch zu nennende Verehrung entgegen. Die Herkunft aus der französischen Küche ist nicht zu leugnen, warum auch. So nehmen Zwiebelsuppe und -kuchen einen nicht wegzudenkenden Platz in ihrer Küche ein. Manche Gerichte rundet erst die Zwiebelschweitze, Zwiebelschwitze, ab.

Über den Emmentaler Käse liesse sich natürlich ein ganzes Buch schreiben. Beschränkt man sich auf die Anfänge, so geraten wir an den Beginn des 19. Jahrhunderts, als die Bauern zu wissen glaubten, dass die Milch verschiedener Kühe nicht einfach vermischt werden dürfe. Mehr noch, die Kühe mussten einander kennen, erst das garantierte den guten Käse oder zumindest die Voraussetzungen dazu. Und: Guter Käse entsteht nur im Gebirge. Erst als die Berner Universität in ihren Forschungslabors herausfand, dass weder das eine noch das andere zutreffen musste, begann die Käserevolution. Im Flachland entstanden erste Grosskäsereien, denen die neue Zollpolitik Preussens und Russlands kräftigen Auftrieb gab: Es zählte jetzt das Stück, nicht mehr das Gewicht. Was an unverkäuflichem Käse zurückblieb, nahmen die Genossenschafter für sich, um mit Fantasie neue Gerichte daraus zu entwickeln. Ob Käserösti oder heiss geschmolzener Käse, die Gerichte machten ihren Weg durch die internationale Küche, zunächst als Käseschnitte, die ins Militär eingezogen wurde; dort ward sie heiss begehrt. Mit einem Spiegelei liess sie sich sogar noch vergolden. Etwa zur nächsten Jahrhundertwende wurde

Krebssuppe, Seite 60

es vornehm in der Berner Küche, vor allem im Oberland. Fanden sich doch mehr und mehr gut betuchte Touristen aus England hier ein, die nach einer halsbrecherischen Schneepartie auf dünnen Holzlatten den gewohnten Tee mit Biskuits und ihren Whisky zur nachträglichen Seelenruhe nicht missen mochten. Damit hielten auch British Beef, Potatoes und Chips Einzug in die Berner Küche. Frankreich war somit der Rang abgelaufen, doch inzwischen sind sowieso alle Küchen der Welt amerikanisiert. Natürlich auch die des Oberlands, die momentan aber auch fernöstlicher Duft durchweht.

Viel hatte die Berner Küche aus dem Waadtländer Untertanengebiet übernommen, das seinerseits eher über den See nach Evian hinüberschielte. Ansonsten blieben die Vaudois bei ihren Trauben, dem Wein und der Saucisson mit Lauch. Eine fast mystisch zu nennende Rolle spielt die Rhone. Sie teilt ein in Oben und Unten, in Diesseits und Jenseits. An ihr fühlt man sich verbunden mit dem Unterwallis, denn man fliesst mit dem Fluss gemeinsam in den grossen See, kommt in Genf geläutert heraus, um durch Frankreich zusammen dem Meer entgegenzueilen. Aus Krebsen und Fischen Suppen, die Bouillabaisse, zu kochen, war stets das Besondere der Gegend, das Geheimnis aber war: Es gab kaum eine Suppe ohne den entsprechenden Schuss Weissen oder Roten. Dass sich im Laufe der Essensentwicklung, geht man von der Ur-Suppe als Ur-Essen aus, deren Teile verselbständigten und zu eigenen, festen Bestandteilen der Mahlzeiten wurden, tat der Beliebtheit der Suppe keinen Abbruch. Eine dieser Verselbständigungen ist das Hechtklössli: Dreht man Hechtmasse mit Brot vermischt durch den Wolf, knetet die Masse durch, pochiert die wundervoll gewürzte Mischung und rundet sie mit einer weissen Sauce ab, erhält man eine Köstlichkeit, die ihresgleichen sucht. Überhaupt liebt man hier Gerichte, die eingewickelt oder im Teig versteckt sind, als eine Kunst der Verwandlung. Nachdem vom Wallis entlang der Rhone nach und nach alle Arten Gemüse bis hin zu den so angenehm den Gaumen schmei-

chelnden Spargeln in die Waadt vorgedrungen waren, erreichte diese Kunst bis dahin ungekannte Höhen. Doch galt es bei all dem, Mass zu halten, schliesslich drohte Bern für den Fall der Opulenz mit Steuern.
Die Freiburger im Norden hingegen liessen sich das Festen nicht nehmen. Hier lebte man nicht calvinisch karg, sondern gut katholisch, wozu man nicht unbedingt reich sein musste. Immer gab es genügend Käse, aus dem sich mächtige Fondues schmelzen liessen, den man braten, aber auch einfach zu Brot oder «Gschwellti» (Pellkartoffeln) essen konnte. Lebenskunst schliesslich ist weniger eine Frage des Reichtums als eine der Fantasie.
Wenden wir uns aber noch einmal nach Süden, dem Wallis zu. Es gehörte zu den armen Gegenden der Schweiz. Einen gewissen Wohlstand besassen die Kirche und die Stockaplers, die Vermittler von Burschen als Reisläufer an den französischen König. Kirche und Klöster haben den Takt des Essens und Trinkens mit Festen mitgeprägt. Die Form des Wallis mit der grossen Rhone und den vielen Seitentälern gleicht von oben betrachtet einem Fisch mit Gräten. Die Tatsache, dass seine Teilung in Unter- und Oberwallis mit der deutsch-französischen Sprachgrenze zusammenfällt, bedeutet natürlich auch das Aufeinandertreffen zweier Kulturen, damit auch zweier Esskulturen, als deren Bindemittel der Käse fungiert. Dessen gebratene Version heisst hier Raclette und bahnte sich unter dieser vornehmer klingenden Bezeichnung ihren Weg durch die internationale Küche. Allerdings: Im Wallis selbst gibt es so viele verschiedene Weisen, Raclette zu essen, wie es Berge und Täler gibt. Käse gehört seit alters her zu den Hauptnahrungsmitteln, denn die vielen Seitentäler überlebten vor allem dank ihrer Alpwirtschaft.
Am Feuer gebratener Alpkäse, mit dem Brotmesser am harten Walliser Brot abgestreift, war einfach ein Genuss, nicht nur für den Gaumen, sondern auch als Zeremonie. Hartes Brot gibt zudem viel zu kauen, was ja besonders gesund ist. Milch liess sich gelegentlich gegen ein Glas Weisswein tauschen, vielleicht einen Riesling, der ebenfalls je nach Hang,

Spargeln an Vinaigrette, Seite 87

Safranbrot, Seite 88

also nach Bodenbeschaffenheit und Sonneneinstrahlung, unterschiedlich ausfällt. Vor allem das Unterwallis lag durch die Jahrhunderte hindurch immer wieder im Brennpunkt der unterschiedlichsten Armeen. Bereits die Römer errichteten für ihren Durchzug nach Norden die Strasse über den Grossen St. Bernhard, die Thebäische Legion mit Mauritius, der zum Patron nicht nur vieler Kirchen, sondern auch Ortschaften wurde, zog hier durch, schliesslich Napoleon an der Spitze eines gewaltigen Heeres von 60 000 Mann. Die meisten hinterliessen bleibende Spuren, mal mehr, mal weniger sichtbare. So gehen noch heute viele Pappelalleen im Rohnetal auf Napoleon zurück, ebenso der Ausbau des Simplonpasses mit seinen Schutzhäusern (Refuges), was damals einem Weltwunder gleichkam. Die Walliser Bevölkerung ernährte all diese durchziehenden Heere mit dem hart ausgebackenen Brot, das sich lange hielt und fürs Militär besonders geeignet war, mit Käse, Trockenfleisch und Wein, der wohl nur für die Offiziere. So sind die Küchen des Wallis – es lässt sich nicht im Singular sprechen – bis heute von drei Kategorien mitbestimmt: von Heiligen, von Soldaten und von Touristen. Vieles allerdings, was die Ausserschweizer – so nennen Walliser die übrigen Schweizer – heute als typisch für das Wallis bezeichnen, kam erst spät ins Tal. Bei Tomaten und Aprikosen denkt wohl kaum noch einer daran, dass sie Produkte des Wahlen-Plans im Zweiten Weltkrieg waren, auch Anbauschlacht genannt. Deshalb sind sie weniger mit Tradition verbunden als mit Pragmatismus und allenfalls Nationalstolz. Damit stört man keine Heiligen, sodass sich gelegentlich mit ihnen – und dies besonders im auch hierin französisch orientierten Unterwallis – bestens Unmut demonstrieren lässt. Stimmte der Preis nicht, landete schon so manche Karre Tomaten und Aprikosen zum Schock aller übrigen Schweizer im Fluss oder auf der Strasse statt auf der Ladentheke.

Als ein Ost-West-Tal (oder umgekehrt) gehört das Wallis zu den Sonnentälern der Alpen. Und dieses sonnige Goldgelb, das sich in Mund ins Blutrot des Safrans wandelt,

prägt vielerorts das Bild von Landschaft und Küche, und wohl auch das Wesen seiner ganz eigen gearteten Menschen.
Eine andere Küche als das Wallis bieten die im Nordwesten gelegenen Kantone französischer Sprache: der Jura und Neuenburg. Diese Gebiete gehören in vielerlei Hinsicht zusammen, denn nicht alles endet an der jeweiligen Kantonsgrenze. So war die Bergkette des Jura stets prägender als die Politik. Seine Höhenzüge bestimmen mit ihrer Kälte die Küche der Region ebenso wie seine weitläufigen, dem Wind ausgesetzten Pferdeweiden. Das Pferd gehört in den Jura, sein Fleisch in die Pfannen und Töpfe und schliesslich in die Wurst. Der weltweit bekannte Landjäger ist ursprünglich eine Wurst aus Pferdefleisch, und wenn jemand den angeblich süssen Geschmack vermisst, so zeugt dies von den stets mit grossem Raffinement zusammengestellten Kräutern darin, die im Jura ebenfalls heimisch sind. Allem voran natürlich der Kümmel, dessen Aroma jeder jurassischen Küche entströmt. Man meint ihn selbst auf den ins schier Unendliche auslaufenden Weiden noch zu atmen, so würzig schmeckt hier der kräftige Wind, der fast ungebrochen über die weiten, hoch gelegenen Felder, Wiesen und Weiden streicht. Baumreihen tun ihr Bestes, den wertvollen Boden der Hänge zu halten,

Truites aux fines herbes, Seite 98

die für Reben zu hoch liegen. Oft sind es Nussbäume, die die Landschaft kennzeichnen und deren Früchte entsprechende Spuren in den Gerichten hinterlassen. Ebenso berühmt sind die Forellen des Doubs. Fisch und Kräuter treffen hier im Sud zu einem seltenen Einklang glücklich zusammen. Von den Höhen herab gelangt man in die Städte Neuenburg und Biel mit ihren fischreichen Seen. Den Arbeitern hier wurde nachgesagt, sie ässen kaum anderes als das fladenartige Kümmelbrot (les sèches au cumin et le grain de sel) und tränken nur billigen Weisswein. Ganz so wird es nicht gewesen sein, denn schliesslich haben die vielen Käsesorten wie Tomme neuchâtelois, Tomme de Montagne, Délice du Vallon und vor allem der Ziegenkäse ihre Abnehmer gefunden. Aus dem Jura bereicherten der Tomme du

Jura oder gar der exquisite Tête de Moine den Tisch. War die Küche auch nicht opulent, so liessen sich dennoch nahrhafte Gerichte zubereiten. Kartoffel- oder Apfelpüree gibt es in zahlreichen Varianten, und Rote Zwiebeln, in Rotwein geschmorte Zwiebeln, stellen auch anspruchsvolle Gaumen zufrieden, während sich aus Kutteln oder anderen Innereien die wunderbaren Tripes à la neuchâteloise zubereiten lassen. Denkt man an die Dreifaltigkeit von Schwein, Treberwurst und Marc, welche die Gegend kennzeichnet, so gerät man unweigerlich ins Schwärmen. Gerüchten zufolge geht die Treberwurst auf Ligerz am Bielersee zurück. Das Schwein, das jede Familie besass, wurde zur Winterzeit geschlachtet, dann wenn auch die Winzer begannen, ihren Marc zu brennen. Ähnlich wie im Wallis mit der Gletschermilch (Anisschnaps) wurde hier lange Zeit mit Absinth experimentiert, bis der Bund einschritt, mit dem bekannten Ergebnis: Die von saftigen Strafen bedrohte «Grüne Fee» flüchtete in den Untergrund, und das Volk rettete sich etwas von seiner Anarchie.

Apropos Anarchie: Wie in den meisten Regionen der Schweiz waren auch am Bieler- und Neuenburgersee die Fischereirechte an Hoheitsrechte gebunden, auf die einfache Bürger keinen Zugriff hatten. Am Bielersee allerdings hielt sich lange

Schokoladebirnen, Seite 118

ein Stück zivilen Ungehorsams: Man fischte im Verborgenen, wurde erwischt und bestraft, murrte ob der Busse – und versuchte es erneut. Für Eingeweihte haftet deshalb am Fisch um den Bielersee bis heute etwas von Protest.

Bleiben wir auf unserer kleinen kulinarischen Schweizer Reise noch im Norden, wenden uns aber nach Osten. Ein kurzer Blick in die Geschichte lehrt uns die Küche der Ostschweiz besser zu verstehen, denn sie ist nicht unwesentlich geprägt vom Mönchsleben des Klosters St. Gallen. Die Benediktiner mit ihrem Leitspruch «Bete und Arbeite» legten recht eigentlich die Grundlagen für die Landwirtschaft dieses Gebiets. Nicht nur wurden Brotgetreide und Wein für die Eucharistie gebraucht, beides ernährte auch die Bevölkerung ringsum, die zu Martini, am 11. November, den Klöstern ihren Tribut abzuliefern hatte. Wo kein Wein mehr gedieh, liess sich Obst anbauen, sodass daraus eine der grössten Mostkulturen der Welt entstand. Um das Klosterleben herum entwickelte sich ein reiches Brauchtum mit vielen Spezialitäten, vor allem aus Äpfeln, zu den zahlreichen kirchlichen Festtagen. Es gab verschiedenste Arten von Cremen, ebenso Beeren- und Obstsuppen, zu deren Krönung möglichst viel Rahm gehörte. Der Sonntagsbraten wurde zum festen Bestandteil der Küche, vorläufig noch mit Griessbrei, bis der Kartoffelstock ihn ersetzte. Bei den Patronatsfesten gab es Festtagsbraten und Festsuppen, gelegentlich auch trockenen Wein, eher aber sauren oder, wie man sagte, alten Most, dann Kuchen und für die Männer, natürlich, den Öbstler. Anders im Rheintal, das lange von Armut geprägt war. Hier ernährte man sich überwiegend von dem aus der Türkei über Norditalien hierher gewanderten Mais, kochte daraus den Ribel, auch Türkribel genannt, eine Mahlzeit, die lange als ebenso armselig galt wie die italienische oder Tessiner Polenta. Erst spätere Generationen streiften dem Mais die Armut ab, bereicherten die Rezepte mit vielerlei Schmackhaftem, sodass längst alle Welt die feinsten Köstlichkeiten aus Mais herzustellen weiss. Apropos Köstlichkeiten: Wenngleich fast jeder Landstrich der Schweiz seine eigene Bratwurst kennt, hat wohl keine eine derartige Stellung erreicht wie diese vielleicht letzte Kreation einer regionalen Küche: die Olma-Bratwurst. Zur jährlichen Landwirtschaftsmesse gehört sie wie Ochs und Kuh.

Der eben erwähnte Mais schlägt den Bogen ins italienischsprachige Tessin, das kulturell mit den ebenfalls Italienisch sprechenden Bündner Südtälern verbunden ist. Von heute aus gesehen, ist es nur noch schwer vorstellbar, dass sich die Armut in der südlichen Schweiz noch vor hundert Jahren mit der in Teilen des heutigen Afrika vergleichen lässt. Selbst die Malaria wurde erst mit der Trockenlegung der Magadino-Ebene nach dem Ersten Weltkrieg gebannt, davor war das Tessin ein Auswanderungsgebiet, das seine Bevölkerung kaum ernähren konnte. Es herrschte nicht nur karge Armut, sondern auch wirklicher Hunger. Das tägliche Brot bestand lange Zeit vor allem aus Kastanien, deren vielfältige Verwendung wir heute zu schätzen wissen, die aber bis fast zur Jahrhundertwende oft die einzige, aufwändig zu erhaltende Nahrungsgrundlage darstellte. Wer Vieh besass, hatte natürlich auch Milch und damit Käse. Aber mit welch einem Aufwand wurde den steilen Hängen der Tessiner Seitentäler die Alpwirtschaft abgetrotzt, um anschliessend nicht

Polenta negra, Seite 126

viel mehr als das zum Überleben absolut Notwendige zu erhalten. Ein Dorf im Maggiatal bestand nicht einfach aus der Häuseransammlung am Ort, sondern war gemäss den Jahreszeiten auf drei Höhenlagen verteilt. In der ansteigenden Jahreszeit zog mit dem Vieh praktisch das ganze Dorf höher hinauf und nicht nur, wie sonst üblich, einzelne Älpler auf die hoch gelegene Alp. Die Familien lebten den Sommer über mit dem Vieh im obersten Teil des Dorfes und bezogen in der absteigenden Jahreszeit zunächst das mittlere und schliesslich wieder das «Basisdorf» als Winterquartier für Mensch und Tier. Eine wesentliche Änderung brachte erst der nach dem Ersten Weltkrieg allmählich einsetzende Tourismus. Nicht nur kam damit Geld ins Tessin, sondern die Touristen aus dem Norden wussten besonders zu schätzen, was fast untergegangen war: die Kastanien, die in ihrer Verwilderung von einer Krankheit befallen waren. Und aus den Oliven, deren Bäume intensiver Pflege bedürfen, soll qualitativ hoch stehendes Öl gepresst werden können und nicht, wie Gottlieb Duttweiler, der Gründer der Migros-Genossenschaft, noch in den Dreissigerjahren urteilte, «zum armseligsten der Welt» gehörendes. Zunächst geschah mit der langsamen Erholung auch hier das, was solche Prozesse generell kennzeichnet: Alles, was an die vergangene Armut erinnert, wird rigoros abgestossen. Das gilt vor allem für die Marroni, aber auch für den Mais, den jetzt Reis ersetzte, und der, mit Merlot zu Risotto gewandelt, zu einer Art Tessiner Nationalgericht aufstieg. Mit dem Risotto wurden auch die Pilze entdeckt, denen bisher wenig Beachtung geschenkt worden war. So setzte allmählich eine Rekultivierung ein, die das Leben im Tessin grundlegend veränderte. Setzte man anfänglich den Touristen nur verschämt Bodenständiges vor, so kann es heute umgekehrt nicht bodenständig genug sein. Die Gerichte mit Ziegenkäse (formaggini), der in immer feineren Varianten servierte Risotto und nicht zuletzt die Tatsache, dass der einst für den Alltag bestimmte Nostrano heute im Vergleich zum stets vorhandenen Merlot als ein selten kostbarer Tropfen gilt, mögen als die nur äusseren Zeichen der Veränderung gesehen werden. In den italienisch geprägten Tälern Graubündens, wie dem Bergell oder dem Misox, sah es eher noch schlechter aus. Auch hier bestimmten Milch, karges Brot, Mais und grüner Mangold den eintönigen Speisezettel. Etwas Huhn und gelegentlich Ziegenfleisch war den Festtagen vorbehalten. Dass die Fische aus den beiden grossen Tessiner Seen in der Küche keine wesentliche Rolle gespielt haben, mag auch daran liegen, dass Fische in katholischen Regionen mit dem Fastengebot verbunden sind, also als karge Mahlzeit gelten und nicht als Delikatesse. Eine Delikatesse aber ist im Tessin sehr ausgeprägt: Alle lieben das Dolce. Etwas Süsses muss sein, ob als Zwischenmahlzeit oder zum Dessert oder noch besser: als Zucker sogar über die Polenta gestreut. Die kulinarische Nähe zu Norditalien zeigte sich nicht zuletzt an den Tessiner Würsten. Hier waren es vor allem frische kleine Kochsalami, Luganighe genannt, die die Küche von Lugano aus eroberten, aber mehr und mehr drang auch italienischer Salami vor. Für die Verbindung zu Italien gilt: Die Grundlagen der Küche sind oft identisch, dennoch werden die Produkte kaum jemals gleich zubereitet.

So wie die Südbündner Täler einen fast eigenständigen Teil des Kantons Graubünden darstellen, so eigenständig geben sich auch andere Bündner Kantonsgebiete. Denn hier wirken Flüsse, Bergzüge, Sprachen und Talschaften trennend, wobei die Walser ein Kapitel für sich schreiben. Da bleibt es nicht aus, dass der Kanton die unterschiedlichsten Esskulturen kennt, denn natürlich essen – oder assen – die Walser in Davos anders und anderes als die Bauern der Bündner Herrschaft, im Puschlav oder im Bergell. Dennoch könnte man einen kulinarischen Vierklang komponieren, der sich über all die Regionen verteilt. Die beiden oberen Töne etwa bildeten sich aus Milch und Käse, die beiden unteren aus Hartbrot und Gerste, begleitet von einem Bass aus Trockenfleisch, Salsiz, Wild oder Schwein, je nach Region. Denn während es in den Südtälern kaum Wild zu jagen gibt, herrscht im übrigen Land zur Jagd-

Torta di castagne, Seite 130

zeit sozusagen Ausnahmezustand. Die Jagd ist mehr als nur Jagen. Während der Jagdzeit, so heisst es, sind viele Menschen verrückt. Jagen ist Jugendnostalgie, Pfadfindergeist, Kumpanei, Restabenteuer mit Anpirschen, Verstecken, Durchzechen, Wachen und Ablösung, um am Ende die grosse Gämse als Beute erlegt zu haben. Man hört, hier weht wilder Mannesgeist, die Frauen warten derweil in der Küche. Natürlich findet ein Teil der Beute auch den Weg in die Restaurants, doch gejagt wird im Grunde für sich, die Familie, die Freunde, die Kollegen. Aus Jagd und Wildschutz hat sich im hinteren Glarnerland ein besonderer Brauch entwickelt und lange erhalten: Im Kärpfgebiet hatte jedes Hochzeitspaar zwischen dem 25. Juli (Jakobi) und dem besagten 11. November (Martini) zwei Gämsen zugute. Ein Gesetz von 1548 sollte das Schalenwild vor beliebigem Abschuss zu solchem Anlass schützen, und so wurde der Kärpf als Jagdbanngebiet, als Freiberg, ausgesondert. Die Massnahme schien sich nicht sonderlich bewährt zu haben, wie ein Blick in die Heiratskataster des Gebiets zeigt. Zu verlockend wurden die sommerlichen Eheschliessungen.

Wie auch Uri oder die Walliser Pässe waren viele der Bündner Täler historische Durchgangspfade. So führte der Postweg der Augsburger Fugger von Italien durchs Engadin dem Inn entlang nach Passau, was Waren und Geschichten in die Dörfer, die Ferne in die Nähe holte. Man imitierte die Fremden, fertigte nach dem Hörensagen Nudeln aus Buchweizen und nannte es Pizokel oder Pizzocheri, mischte sie später mit Mangold oder Spinat. Auch Mais wurde bald heimisch, während in anderen, fernab der Durchzugsstrassen gelegenen Gebieten es stets bei Gerste, Bergweizen, Dinkel und Emmer, gelegentlich auch Roggen blieb. Gerstensuppe mit geriebenem Käse, wenn vorhanden, auch Salsiz oder ab und zu gar Marroni-Beigaben sind ein Versprechen aus einem versöhnlichen Himmel. Als Spezialisten für schwieriges, höchst gelegenes Gelände erwiesen sich stets die Walser, die die steilsten Hänge noch zu kultivieren verstanden, die Jahrhunderte durchhielten bei gebrate-

Gämspfeffer, Seite 140

nem Käse, Milch und Brot, die sie zu einer Suppe verbanden. Butter diente fast ausschliesslich dem Verkauf, sodass, wenn nötig, auch Bargeld vorhanden war. Natürlich hat auch hier der Tourismus längst die Küchen erreicht, sodass es heute an keiner Zutat, an keinem Gericht mehr fehlt, wenn Zürcher, Basler, Berner oder sonstige Skibegeisterte aus aller Welt zum Après-Ski nicht nur den Magen gefüllt, sondern auch den Gaumen verwöhnt haben wollen.

Pizzocheri, Seite 136

Wir können ja, während die Zürcher im Engadin Ferien machen, einen Blick in ihre Töpfe werfen. Da stellt sich zunächst die fundamentale Frage: in einen zu Hause oder in den eines Restaurants. Hier aber wird es nochmals kompliziert, denn beim Gang durch Zürich, durchs Dörfli, wird man den Eindruck nicht los, dass die Stadt fast ebenso viele Beizen wie Menschen beherbergt – an jeder Ecke gibt es etwas zu essen. Aber der Reihe nach; manchmal ist es ja gut, das eine zu tun, ohne das andere zu lassen. Als grösster Industriestandort der Schweiz hat Zürich im Laufe der letzten hundertfünfzig Jahre natürlich auch Arbeiter aus ganz Europa angezogen. Mit dem Eisenbahnbau im 19. Jahrhundert kamen zunächst die Italiener, später zogen Portugiesen, Spanier, Türken nach, denen Serben, Kroaten und Albaner folgten, und sie werden nicht die Letzten sein, denn auch aussereuropäische Völker wie die im Bürgerkrieg lebenden Tamilen haben längst ihre kulinarische Spur in der Stadt hinterlassen. Selbstverständlich bleibt immer ein Teil der Familien hier, lebt sich ein, wird heimisch, auch wenn es so manche politische Partei mit Grimmen im Magen sieht. Daran ist nichts zu ändern, und die Stadt selbst krempelt sich gern um. Aus dem alten Industriegebiet wird ein als chic geltendes Szenequartier, mit neuer Lebens- und manche meinen auch neuer Arbeitsweise, sodass Zürich anscheinend doch nicht so gebaut dasteht, wie noch in den Achtzigern gedacht, nämlich fertig. Nein, es gibt immer wieder Neues, oft geradezu in Schwindel erregendem Tempo, denn wo gestern noch eine währschafte Beiz die Berner Rösti mit Speck angeboten hat, wird heute

Sauerbraten, Seite 112

eine trendige Sushi-Bar eröffnet, die aber selbst auch kaum Ewigkeitswert haben dürfte. Die Küchen Europas sind längst etabliert, in eigenartiger Weise, versteht sich, denn wo findet man in Italien schon eine Pizzeria? Oder gar Spaghetteria? Nichts dergleichen, so wie vielleicht in Japan auch keine Sushi-Bar, das müssten uns unsere japanischen Freunde beantworten. Und wo ist das Zürcherische? Antwort: Das ist es, dieser Schmelztiegel ist Zürich. Andere sagen: Hier wird zu einem Drittel Eigenes, man denke etwa an die Zunfthäuser und alteingesessenen Hotels, zu einem Drittel Fremdes, eben die erwähnten Sushi- oder sonstigen Bars, und zu einem Drittel Industrienahrung serviert. Denn nicht zu vergessen: Der weltweit verbreitete Maggisuppenwürfel war ursprünglich Industrienahrung für Industriearbeiter, vor allem für die Arbeiterinnen, die keine Zeit hatten, stundenlang in der Küche zu stehen und Knochen für eine Suppe auszukochen. Er wurde und wird mit den inzwischen verbreiteten Varianten in Kemptthal bei Winterthur hergestellt und erweist sich somit als echter Zürcher. Anders als in den Zürcher Restaurants sieht es sicherlich bei Frau Zürcher zu Hause aus. Da gibt es immer noch «Ghackets mit Hörnli» und Apfelmus als Leibspeise, wobei die Hörnli auch durch Kartoffelstock ersetzt werden können, der Eile wegen – und Frau Zürcher hat es leider immer und aus den unterschiedlichsten Gründen etwas eilig – auch schon einmal von Maggi vorfabriziert sein darf, dort aber hochdeutsch daherkommt und Kartoffelpüree heisst. Abends dann gern auch einmal eine Fotzelschnitte oder doch lieber «Kafi complet». Und was ist mit dem Zürcher (Kalbs-)Gschnetzleten in der feinen Rahmsauce, für die es in der Welt berühmt ist? Wieder sind es die nicht zum Schweigen zu bringenden bösen Zungen, die behaupten, das sei bei Licht betrachtet wohl ein Einwanderer aus Zug, nur seien die Zürcher immer reicher gewesen und hätten es sich häufiger leisten können. Tempi passati, auch hier. Tatsächlich eingewandert ist aber ein ganz anderes Gericht, zumindest in seiner Grundrezeptur. Als im Januar 1900 ein Redner im Zunfthaus zur

Saffran der versammelten Zürcher Ärzteschaft seine «Sonnenlichtnahrung» darlegte, erreichte die neue Richtung der Ernährungstherapie einen ersten Höhepunkt. Diese war das Ergebnis der Gesundheitsbewegung, die in den letzten Jahren vor der Jahrhundertwende eingesetzt hatte: Man hatte begonnen, vegetarisch zu kochen oder gleich Rohkost zu essen, Gymnastik zu treiben, sich im Freien nackt aufzuhalten, ebenso unbekleidet zu baden oder in der Sonne zu liegen. Und hatte es nicht seit Neuestem Berichte gegeben von einem fast unbekannten Volk, das in den unerschlossenen Höhen des Himalaja lebte und dessen Menschen steinalt wurden? Es ging das Gerücht, sie würden sich fast fleischlos ernähren, dafür aber viel Nüsse, Kerne und getrocknete Früchte essen. Sollte darin das Geheimnis ihres hohen Alters liegen? Der Redner im Zürcher Zunftsaal unterhielt eine Klinik, die sich der Gesundheitsbewegung verschrieben hatte und deren Küche vor allem Rohkost servierte. Jetzt stellte Dr. Maximilian Bircher-Benner den durchaus skeptisch dreinblickenden Kollegen auf der Basis der von den Hunza, so hiess das Himalaja-Volk, überlieferten Rezepte eine Speise vor, die als Apfeldiät gedacht war, aber als Birchermüesli zu Weltruhm gelangte. Dieses Müesli ist die Mutter aller Varianten, die es inzwischen gibt, und die – wie könnte es auch anders sein – natürlich längst auch industriell hergestellt werden.

Es müsste noch von so manchem die Rede sein, etwa vom Wein, der an jedem Hang des Seeufers ein anderer ist, vom Zürcher Weinland selbst und-und-und. Wir aber wären damit wieder auf dem Land – dabei soll unser Streifzug durch die Küchen der Schweiz doch möglichst grossstädtisch enden, «downtown Switzerland» eben.

Birchermüesli, Seite 114

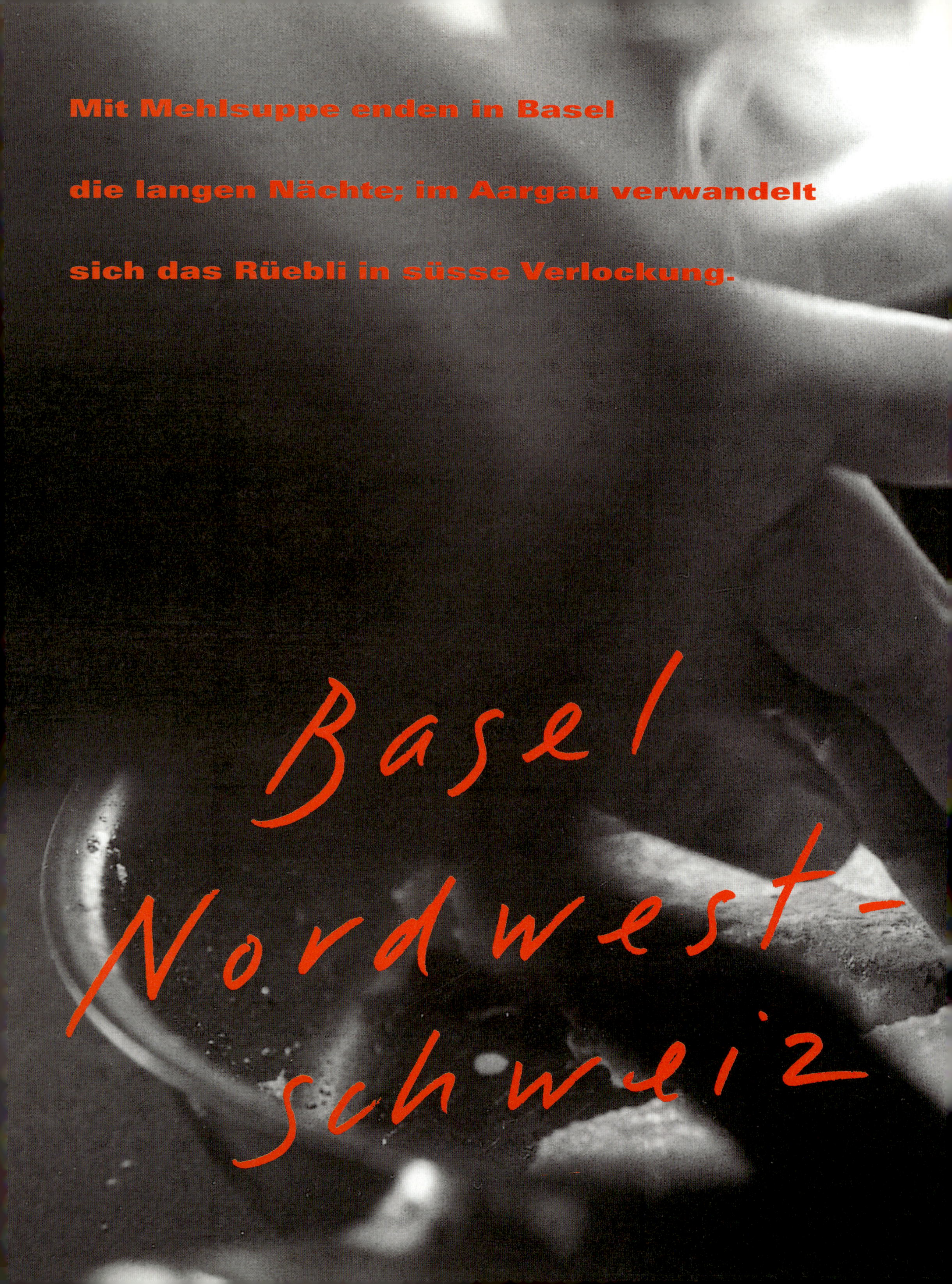

Mit Mehlsuppe enden in Basel die langen Nächte; im Aargau verwandelt sich das Rüebli in süsse Verlockung.

Basel Nordwest-schweiz

BASLER MEHLSUPPE

Mehl mit Butter unter ständigem Rühren langsam kastanienbraun rösten. Pfanne von der Herdplatte nehmen. Bouillon unter Rühren dazugiessen. Suppe aufkochen und 40 Minuten leicht kochen. Mit Salz, Pfeffer und Muskatnuss abschmecken.

Die Basler Mehlsuppe in einer vorgewärmten Suppenschüssel anrichten. Mit Sbrinz und Kümmel servieren.

Dazu passt Basler Brot.

Für 4 Portionen

70 g Mehl

40 g Bratbutter

1 l Fleischbouillon

Salz, Pfeffer,

Muskatnuss

Zum Servieren

50 g Sbrinz, gerieben,

nach Belieben

Kümmel, nach Belieben

Der Röstvorgang des Mehls (ständiges Rühren bei kleiner Hitze) benötigt ca. 20 Minuten: Nur so bilden sich die aromatischen Röststoffe, welche die eigentliche Würze der Basler Mehlsuppe ausmachen.

LAUBFRÖSCHE

Für 4 Portionen

ca. 400 g grossblättriger Spinat
Butter für die Form
1,5 dl Gemüse- oder Fleischbouillon

Füllung

250 g gehacktes Rind- und Schweinefleisch (1:1 gemischt)
Bratbutter zum Anbraten
2 Schalotten, fein gehackt
1 EL Petersilie, fein gehackt
1 Zweiglein Thymian, Blättchen
1 Ei, verquirlt
ca. 2 EL Paniermehl
Salz, Pfeffer, Muskatnuss

Beilage

500 g Pfälzerrüebli, geschält, in Stängeli geschnitten
500 g Kartoffeln, geschält, Kugeli ausgestochen oder in Würfel geschnitten
2 dl Gemüsebouillon

Garnitur

Rüebli und Pfälzerrüebli, in Würfeli geschnitten
Petersilie

Für die Füllung Fleisch in Butter anbraten. Schalotten und Kräuter beifügen, dünsten. In einer Schüssel auskühlen lassen. Ei, Paniermehl und Gewürze zum Fleisch mischen, abschmecken.

Grosse Spinatblätter kurz blanchieren, abtropfen lassen. Je mit 1 EL Füllung belegen, Seiten einschlagen und zu einem Päckli verschliessen. In eine ausgebutterte ofenfeste Form legen. Bouillon angiessen. Laubfrösche zugedeckt in der Mitte des auf 180 °C vorgeheizten Ofens 30 Minuten schmoren, dabei 1- bis 2-mal mit Bouillon übergiessen.

Für die Beilage Rüebli und Kartoffeln separat in Bouillon ca. 15 Minuten weich kochen, abschmecken.

Die Laubfrösche mit Rüebliwürfeli bestreuen. Das Gemüse in einer Schüssel anrichten und mit Petersilie garnieren.

Die gelbe «Pfälzer», auch Gelbrübe oder Roggenkarotte genannt, ist eine Gemüsesorte, die in Vergessenheit geraten ist: Früher in Gersten- und Roggenfelder eingesät, eignet sie sich vorzüglich als Kochgemüse (roh kein Genuss) und ist im Gegensatz zur Karotte nicht süss.

PRÄGEL

Fleisch in Öl goldbraun anbraten. Zwiebelchen beifügen und andünsten. Mit Salz, Pfeffer und Paprika würzen. Mit Wein und Bouillon ablöschen. Fleisch zugedeckt bei kleiner Hitze ca. 1 Stunde schmoren. In den letzten 20 Minuten offen kochen, damit die Sauce einkocht.
Für die Garnitur Toastbrot in Butter goldgelb rösten.
Den Prägel in einer vorgewärmten Schüssel anrichten. Mit dem Toast und Petersilie garnieren.
Dazu passt Kartoffelstock (Rezept Seite 111).

Für 4 Portionen
800 g Schweinefleisch,
z. B. von der Laffe,
in Würfel geschnitten
Öl zum Anbraten
300 g Saucenzwiebelchen,
blanchiert, geschält
Salz, Pfeffer, Paprikapulver
2 dl Weisswein
2 dl Fleischbouillon

Garnitur
8 Toastbrotscheiben
ohne Rand,
in Dreiecke geschnitten
Butter zum Rösten
Petersilie

Petersilie ist reich an Vitaminen und Mineralstoffen – und deshalb nicht nur fürs Auge ein Genuss.

SALM NACH BASLER ART

Salm mit Salz und Pfeffer würzen, mit Zitronensaft beträufeln. In heisser Butter beidseitig goldbraun anbraten. In den auf 80 °C vorgeheizten Ofen geben.
Für die Sauce Schalotten in Butter glasig dünsten. Wein und Bouillon angiessen, etwas einkochen. Mit Salz und Pfeffer abschmecken. Sauce absieben und zugedeckt beiseite stellen.
Für die Garnitur Zwiebeln in Butter knusprig ausbacken. Auf Haushaltpapier abtropfen lassen.
Den Salm auf einer vorgewärmten Platte anrichten. Die Zwiebeln darüber verteilen. Mit Petersilie und Zitronen garnieren. Die Sauce in einer Sauciere servieren.
Dazu passt Blattsalat.

Für 4 Portionen
4 Salmtranchen, 4 cm dick
Salz, weisser Pfeffer
aus der Mühle
1/2 Zitrone, Saft
Butter zum Braten

Sauce
4 Schalotten, fein gehackt
Butter zum Dünsten
1 dl Weisswein
2 dl helle Kalbs- oder
kräftige Gemüsebouillon
Salz, Pfeffer

Garnitur
200 g kleine Zwiebeln,
in feine Ringe geschnitten
Bratbutter zum Ausbacken
1 Bund Petersilie
1 Zitrone,
in Scheiben geschnitten

Bei Fisch ist eine Kerntemperatur von 50–55 °C ideal: Das Fischeiweiss hat die Feuchtigkeit noch nicht verloren – der Fisch kann nicht trocken und brüchig werden.

APFELRÖSTI

Brot in einer Bratpfanne in Butter rösten. Herausnehmen und zugedeckt beiseite stellen.

Äpfel in Butter andünsten. Rosinen, Zucker, Zimt und Apfelsaft beifügen. Brot dazumischen. Zugedeckt ca. 10 Minuten dünsten.

Die Apfelrösti auf vorgewärmten Tellern anrichten. Nach Belieben mit Zimtzucker bestreuen.

Dazu passt Milchkaffee.

Für 4 Portionen

200 g Brot, in feine Scheibchen geschnitten
Butter zum Rösten
800 g Äpfel, z. B. Sauergrauech oder Boskop, geschält, entkernt, in feine Scheibchen geschnitten
Butter zum Andünsten
2 EL Rosinen
Zucker, nach Belieben
1 TL Zimtpulver
ca. 1 dl Apfelsaft
Zimtzucker zum Bestreuen

Dieses Gericht eignet sich, um Brot von Vorgestern schmackhaft aufzubrauchen.

FOTZELSCHNITTEN
MIT ZWETSCHGENKOMPOTT

Milch in einen Suppenteller giessen. Eier mit Salz verquirlen und in einen zweiten Suppenteller geben. Jede Brotscheibe zuerst rasch durch die Milch, dann durchs Ei ziehen. In einer Omelettenpfanne in heisser Butter beidseitig goldbraun backen.

Für das Zwetschgenkompott Wasser mit Zucker aufkochen. Zwetschgen beifügen und bei kleiner Hitze 5–10 Minuten leicht kochen.

Die Fotzelschnitten auf einer Platte anrichten und mit Zimtzucker bestreuen. Das Zwetschgenkompott dazu servieren.

Für 4 Portionen

ca. 3 dl kalte Milch
4–5 Eier, 2 Msp. Salz
12 Weiss- oder Modelbrotscheiben (1–2 Tage alt), 1 cm dick
Butter zum Backen
Zimtzucker zum Bestreuen

Zwetschgenkompott

2 dl Wasser
2–3 EL Zucker
500 g Zwetschgen, halbiert, entsteint

MAISSCHNITTEN

Milch und Wasser mit Salz aufkochen. Maisgriess unter Rühren einrieseln lassen. 15 Minuten leicht kochen, öfters rühren.

Mais 1,5 cm dick auf ein kalt abgespültes Blech streichen. Auskühlen lassen, dann in Rhomben schneiden.

Die Maisschnitten durchs Ei ziehen. In einer Omelettenpfanne in heisser Butter beidseitig goldbraun braten.

Für 4 Portionen

4 dl Milch
4 dl Wasser
1 TL Salz
220 g Maisgriess
2 Eier, verquirlt
Butter zum Braten

Die Fotzelschnitte (Fotzel = Lump) wird mancherorts auch «Armer Ritter» genannt.
Griess bezeichnet den Mahlgrad des Maiskorns: Griess ist gröber als Dunst und feiner als Schrot.

GRIESSPUDDING

AN ROTWEINSAUCE

Milch mit Zucker und Salz aufkochen. Griess unter Rühren einrieseln lassen. 10 Minuten leicht kochen, öfters rühren. Korinthen und Butter beifügen. Griessbrei in die kalt ausgespülte Form füllen. Zugedeckt auskühlen lassen, dann einige Stunden in den Kühlschrank stellen.

Für die Rotweinsauce Wein, Wasser, Zucker und Maizena in einer Pfanne verrühren. Gewürze und Zitronenschale dazugeben. Sauce unter Rühren aufkochen und 10 Minuten leicht kochen, absieben.

Den Griesspudding auf eine Platte stürzen. Mit Rahm und Angelika garnieren. Die Rotweinsauce dazu servieren.

Für 1 Puddingform von 1 l Inhalt

8 dl Milch
3 EL Zucker
2 Prisen Salz
150 g Weizengriess
3 EL Korinthen
40 g Butter

Rotweinsauce

5 dl Rotwein
1 dl Wasser
80 g Zucker
1 EL Maizena
1 Zimtstange
2 Gewürznelken
1 Stück Zitronenschale (mit dem Sparschäler abgezogen)

Garnitur

1,5 dl Vollrahm, steif geschlagen
kandierte Angelika

Angelika ist der Stängel einer Kerbelpflanze.

RÜEBLICHUECHE

Für 1 Springform von 22 cm Durchmesser
Backpapier für den Boden,
Butter und Mehl für den Rand

Teig
220 g Zucker
5 Eigelb
1 Prise Salz
$1/2$ Zitrone, Saft
und abgeriebene Schale
1 Prise Gewürznelkenpulver
1 Msp. Zimtpulver
250 g Rüebli,
geschält, geraffelt
250 g gemahlene Haselnüsse
80 g Mehl
1 EL Backpulver
5 Eiweiss, steif geschlagen

Glasur
200 g Puderzucker
1 EL Zitronensaft
1 EL Eiweiss

Garnitur
Marzipanrüebli
kandierte Angelika

Für den Teig Zucker, Eigelb und Salz schaumig rühren. Zitronensaft, -schale und Gewürze beifügen. Rüebli und Haselnüsse dazumischen. Mehl mit Backpulver mischen und abwechslungsweise mit Eischnee unter die Rüeblimasse ziehen. Teig in die vorbereitete Form füllen.
Kuchen in der unteren Hälfte des Ofens bei 180 °C 55 Minuten backen (nicht vorheizen). Auf einem Gitter auskühlen lassen.
Für die Glasur alle Zutaten glatt rühren. Den Rüeblichueche mit Glasur überziehen.
Mit Marzipanrüebli und Angelika garnieren.

Der Rüeblichueche schmeckt nach einem Tag am besten: Die Feuchtigkeit und die feine Süsse der Rüebli haben sich dann im Gebäck regelmässig verteilt.

Währschaft oder opulent:

Die Kost von Stadt und Land spiegelt

im Luzernischen die Verhältnisse.

Luzern
Inner-
schweiz

BRATCHÄS

Wein in einer Bratpfanne erwärmen. Bratchäs beifügen und unter sorgfältigem Rühren bei kleiner Hitze schmelzen lassen.
Brotscheiben auf Teller legen. Den Bratchäs darüber verteilen. Mit Pfeffer und Majoran würzen.

Für 4 Portionen
1,5 dl Weisswein
oder Apfelwein
500 g Bratchäs,
in feine Scheiben geschnitten
oder geraffelt
4–6 Ruchbrotscheiben,
nach Belieben geröstet
schwarzer Pfeffer
aus der Mühle
Majoranblättchen
zum Bestreuen

Der halbharte, ca. 1 Kilo schwere Bratchäs wird in Nidwalden und Obwalden hergestellt. Statt mit Ruchbrot kann er auch über gekochten Kartoffeln serviert werden.

KANINCHENRAGOUT

Ragout in heisser Butter langsam goldbraun braten. Mit Salz und Pfeffer würzen. Mit Apfelwein und Bouillon ablöschen. Thymian, Lorbeer, Knoblauch und Zwiebelchen oder Schalotten beifügen. Ragout 90 Minuten sanft schmoren, Garprobe machen.

Für die Sauce Bratjus nach Bedarf etwas einkochen. Rahm mit Maizena verrühren und dazugeben. Sauce aufkochen und abschmecken.

Für 4 Portionen

1 kg Kaninchenragout
Bratbutter zum Braten
Salz,
weisser Pfeffer
aus der Mühle
3 dl Apfelwein
2 dl Gemüsebouillon
3 Zweiglein Thymian
1 Lorbeerblatt
2–3 Knoblauchzehen (ganz)
12 Saucenzwiebelchen
oder Schalotten,
geschält (ganz)
1 dl Rahm
1 TL Maizena

Apfelwein oder saurer Most verleiht Fleischsaucen eine feine fruchtige Frische. Geöffnete Apfelweinflaschen sind im Kühlschrank mehrere Wochen haltbar.

RÖSTI

Kartoffeln in der Schale kochen und auskühlen lassen. Dann schälen und an der Röstiraffel reiben, salzen.
Bratbutter in einer beschichteten Bratpfanne erhitzen. Kartoffeln beifügen und unter Wenden leicht anbraten. Kartoffeln in der Pfanne etwas andrücken. Wasser und Butter darüber verteilen. Rösti zugedeckt bei kleiner Hitze ca. 15–20 Minuten braten, bis sich eine Kruste bildet. Dabei die Pfanne ab und zu leicht schütteln, damit sich die Rösti etwas verschiebt.
Die Rösti mit Hilfe des Deckels auf eine vorgewärmte Platte stürzen.

Für 4-6 Portionen
1,5 kg Kartoffeln, z. B. Bintje, Urgenta, Granola
2 TL Salz
Bratbutter zum Braten
2 EL Wasser
30–50 g frische Butter, in Stücke geschnitten

Das macht eine gute Rösti aus: Die Kartoffelsorte muss fest kochend, nur leicht mehlig sein. Und die Kruste muss langsam, mit wenig Hitze gebacken werden. Die Rösti kann auch aus roh geraffelten Kartoffeln zubereitet werden, dann verlängert sich die Bratzeit um ca. 10 Minuten.

LUZERNER BROT

Für den Vorteig alle Zutaten in einer Schüssel mischen. Zugedeckt bei Raumtemperatur stehen lassen, bis sich Blasen bilden.

Für den Teig Mehl und Salz mischen, eine Mulde formen. Vorteig hineingiessen, zu einem dünnen Brei anrühren und stehen lassen, bis sich Blasen bilden.

Wasser in die Mulde giessen. Zu einem weichen Teig zusammenfügen und 5 Minuten kneten. Mit einem feuchten Tuch bedeckt bei Raumtemperatur aufs Doppelte aufgehen lassen.

Aus dem Teig 2 länglich ovale Brote formen. Auf ein mit Backpapier belegtes Blech geben und 40 Minuten aufgehen lassen.

Brote der Länge nach zu Weggen abdrücken und mit Wasser bepinseln. Auf der zweituntersten Rille des auf 200°C vorgeheizten Ofens 1 Stunde dunkel backen. Auf einem Gitter auskühlen lassen.

Das Luzerner Brot zu Sbrinz oder Alpkäse servieren.

Für 2 Brote

Vorteig

2 dl Wasser

5 g Sauerteigansatz

50 g Ruchmehl

Teig

1 kg Ruchmehl

3 TL Salz

ca. 5 dl Wasser

Die Sauerteigführung ist die älteste Form der Brotzubereitung: Im Sauerteig bewirken Milchsäurebakterien und spezielle Hefestämme einen Gärungsprozess, dadurch wird der Teig gelockert. Sauerteigbrote sind aromatischer und bleiben länger frisch. Ihre Zubereitung ist jedoch zeitaufwändig und erfordert etwas Backerfahrung. Sauerteig ist zum Teil in Bäckereien, Sauerteigansatz in Reformhäusern erhältlich. Es empfiehlt sich die jeweilige Gebrauchsanweisung zu beachten.

VICTORINOX
SWITZERLAND

GEBRATENER HECHT

Hecht waschen und trocknen. Innen und aussen mit Salz einreiben. Zugedeckt im Kühlschrank 2 Stunden oder über Nacht ziehen lassen.
Hecht mit **Haushaltpapier** trocknen. Mit der Bauchseite nach unten in einen Bräter oder auf ein mit Backpapier belegtes Blech geben, evtl. mit halbierten Kartoffeln unterlegen. Butter in einem Pfännchen aufschäumen und über den Hecht giessen. Schalotten und Estragon beifügen.
Hecht im **auf 180°C** vorgeheizten Ofen 30–40 Minuten braten, dabei öfters mit Butterjus bepinseln.
Für die Sauce Butter in einem Pfännchen bräunen. Bouillon oder Bratjus dazugiessen und aufkochen. Zitronensaft, -schale, Crème fraîche und Sbrinz dazugeben. Sauce salzen, absieben und heiss halten (nicht kochen).
Den Hecht sorgfältig auf eine vorgewärmte Platte heben. Mit Kartoffeln und Zucchini anrichten. Mit Petersilie und Zitronen garnieren. Die Sauce in einer Sauciere servieren.

Für 4 Portionen
1 junger Hecht, ca. 1 kg
1 TL Salz
70 g Butter
2 Schalotten, halbiert
2 Zweige Estragon, fein gehackt

Sauce
20 g Butter
1,5 dl Fischbouillon
oder Fischbratjus
1 EL Zitronensaft
wenig abgeriebene Zitronenschale
1 dl Crème fraîche
20 g Sbrinz, gerieben
Salz

Beilage
500 g Kartoffeln, in Schnitze
geschnitten, knapp mit Bouillon
bedeckt weich gekocht
2–3 Zucchini, in Stängeli
geschnitten, in wenig Bouillon
knapp weich gekocht

Garnitur
Petersilie
Zitronenschnitze

Der Hecht ist ein Süsswasser-Raubfisch. Jüngere Hechte aus fliessenden Gewässern sind qualitativ besser. Das Hechtfleisch ist fest und mager, enthält jedoch viele kleine Gräten.

LUZERNER CHÜGELIPASTETE

Für 4–6 Portionen

Pastete selbst gemacht

500 g Blätterteig

1 Eiweiss, verquirlt

1 Eigelb, verquirlt

Füllung

2 Schalotten, fein gehackt

Butter zum Andünsten

2 dl Weisswein

4 dl Gemüsebouillon

600 g Kalbfleisch,
in 2 cm grosse Würfel geschnitten

300 g Kalbsbrät

2 Msp. Korianderpulver

1 Msp. Muskatnuss

1/2 TL Majoranblättchen

1,5 dl Vollrahm

2 TL Maizena

Salz, weisser Pfeffer,
Muskatnuss

250 g kleine Champignons,
halbiert oder geviertelt

Butter zum Andünsten

Salz, weisser Pfeffer

1 Apfel, geschält,
in Scheibchen geschnitten

1 EL Weinbeeren,
eingeweicht, abgetropft

1 EL geschälte Mandeln,
geröstet, gehackt

1 Bund Petersilie, gehackt

Für die Pastete aus dem Teig 2 ca. 3 mm dicke Rondellen von 22 cm und 25 cm Durchmesser auswallen. In der Mitte der grösseren Rondelle einen Kreis von ca. 7 cm Durchmesser einritzen. Kleinere Rondelle auf ein mit Backpapier belegtes Blech legen, Rand mit Eiweiss bepinseln. Aus Haushaltpapier eine Kugel formen und in die Mitte geben. Zweite Rondelle darüber legen, Rand gut andrücken. Pastete mit Teigstreifen garnieren, mit Eigelb bepinseln. In der unteren Hälfte des auf 180 °C vorgeheizten Ofens ca. 40 Minuten goldbraun backen.

Pastetendeckel mit einem spitzen Messer lösen, Papier entfernen.

Für die Füllung Schalotten in Butter andünsten. Mit Wein und Bouillon ablöschen. Fleisch beifügen und ca. 30 Minuten weich kochen. Mit einer Schaumkelle herausnehmen und zugedeckt beiseite stellen.

Brät würzen. Mit zwei Löffeli Chügeli formen und im Sud ca. 10 Minuten ziehen lassen. Sobald sie an die Oberfläche steigen, herausnehmen und zugedeckt beiseite stellen.

Sud auf ca. 4 dl einkochen, absieben. Rahm mit Maizena verrühren, dazugeben. Sauce unter Rühren aufkochen, abschmecken.

Champignons in Butter andünsten, würzen und in die Sauce geben. Fleisch, Brät, Äpfel und Weinbeeren beifügen. Füllung 5–10 Minuten leicht kochen, abschmecken. Mandeln und Petersilie dazugeben.

Die Pastete in der unteren Hälfte des auf 180 °C vorgeheizten Ofens 5 Minuten erhitzen, dann auf eine Platte geben. Mit der Füllung füllen.

Bei wenig Zeit: Die Blätterteigpastete gibts auch fixfertig in Bäckereien zu kaufen.

LUZERNER LEBKUCHEN

Für den Teig alle Zutaten gut verrühren. In die vorbereitete Form füllen.

Lebkuchen auf der untersten Rille des auf 180°C vorgeheizten Ofens 50 Minuten backen. Auf einem Gitter auskühlen lassen. Den Lebkuchen mit **Birnendicksaft** bepinseln und in Stücke schneiden. Mit Rahm servieren.

Für 1 Springform von 22 cm Durchmesser

Backpapier für den Boden,
Butter und Mehl
für den Rand

Teig

2 dl Sauerrahm
1 Msp. Salz
200 g Birnendicksaft
120 g Rohzucker
2 dl Milch
4 TL Lebkuchengewürz
400 g Ruchmehl
1 TL Natronpulver
Birnendicksaft
zum Bepinseln

Zum Servieren

2 dl Vollrahm,
steif geschlagen

Lebkuchen ist ein Herzkuchen («Leb» heisst auf Hebräisch Herz) und galt schon immer als Liebeszeichen, das man gerne verschenkt. Die Zutaten: Eingedickter Birnensaft oder Birnel gehört ebenso zum Luzerner Lebkuchen wie die typische Lebkuchengewürzmischung mit besonders viel Sternanis. Natron ist das Backpulver für schwere Teige wie eben Lebkuchenteig.

Den Bernern geht es gut,

davon zeugt die Bärner Platte.

Rar geworden sind aber

die einheimischen Flusskrebse.

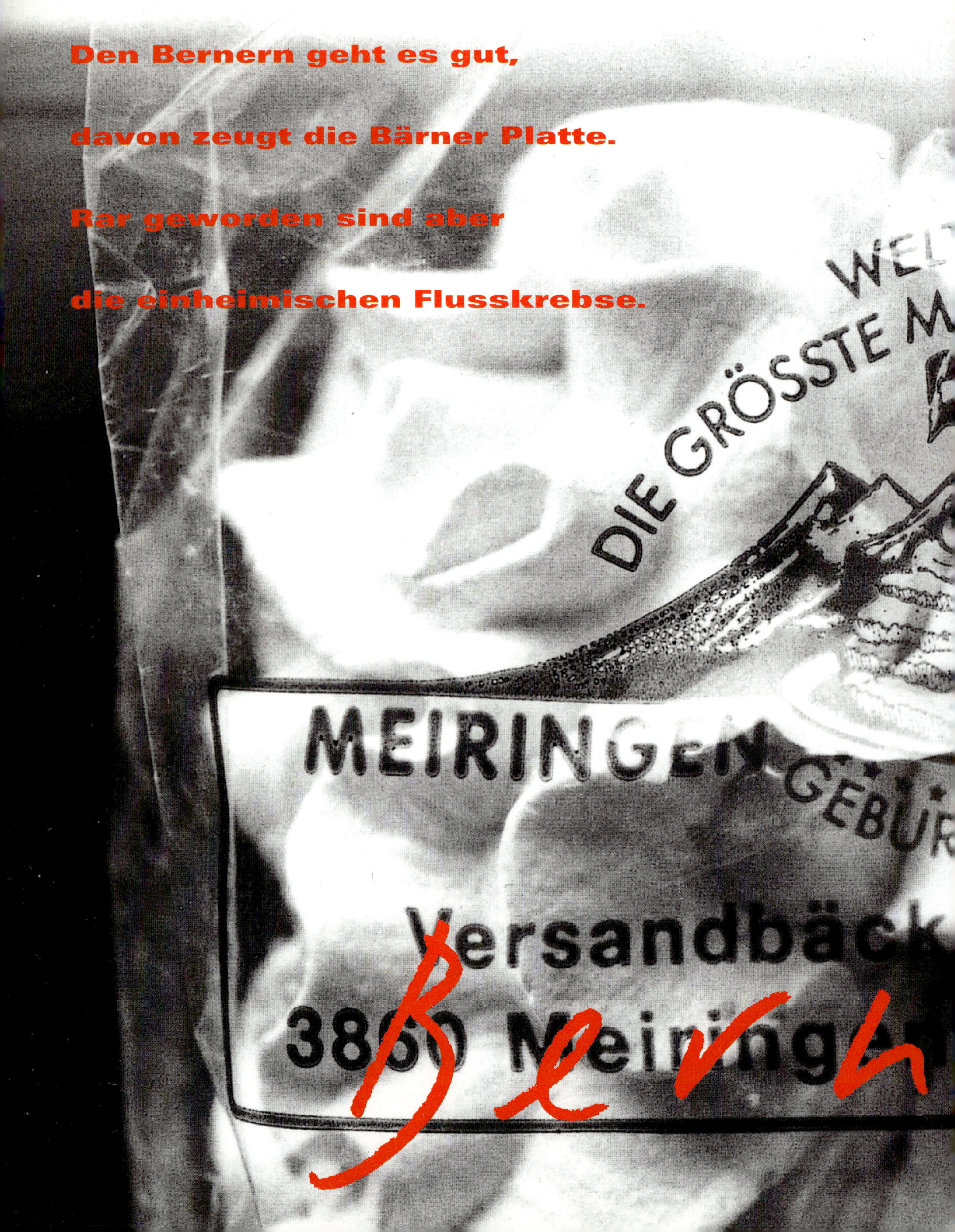

EKORD
INGUE DER WELT
SORT DER
MERINGUE
rei A. Frutiger
Tel. 036/ 1 10 62
biet

KREBSSUPPE

Krebsfleisch auslösen und beiseite stellen. **Karkassen** und Beine zerdrücken oder im Cutter hacken. In Butter 5 Minuten dünsten. Mehl darüber stäuben. Mit Bouillon ablöschen. Ca. 1 Stunde leicht kochen.
Krebsbouillon durch ein Gazetuch passieren und auf ca. 7 dl einkochen. Mit Salz und Pfeffer abschmecken. Rahm mit Eigelb mischen und unter Rühren zur Suppe geben (nicht kochen). Krebsfleisch beifügen und kurz erhitzen.
Die Krebssuppe in einer vorgewärmten Suppenschüssel oder in Suppentellern anrichten.

Für 4 Portionen
500 g Flusskrebse, gekocht
Butter zum Dünsten
1 EL Mehl
1 l leichte Fisch- oder Gemüsebouillon
Salz, Pfeffer
1 dl Vollrahm
2 Eigelb

Einheimische Flusskrebse sind auf dem Markt nicht mehr erhältlich. Qualitativ gute ausländische Krebse gibts gefroren in Delikatessgeschäften. Die Fleischmenge eines Krebses entspricht einer kleineren Crevette.

RAVGCHÖCH

Zwiebeln in Butter andünsten. Kohlrabi und Kartoffeln beifügen, dünsten. Mit Bouillon ablöschen. Gemüse ca. 40 Minuten weich kochen.
Kohlrabi und Kartoffeln mit einem Stössel zerdrücken. Mit Salz und Pfeffer abschmecken.
Butter in einem Pfännchen aufschäumen, bis sie leicht braun ist. Über das Ravgchöch verteilen.

Für 4 Portionen
1 Zwiebel, gehackt
15 g Butter
400 g Bodenkohlrabi, geschält, in Würfel geschnitten
800 g Kartoffeln, geschält, in Würfel geschnitten
2,5 dl Gemüsebouillon
Salz, Pfeffer, 20 g Butter

SAANENSENF

Kirschen mit Zucker zugedeckt ca. 1 Stunde leicht kochen, nach Bedarf wenig Wasser dazugiessen. Auskühlen lassen.
Mehl und Wein unter Rühren zum Kirschmus geben, aufkochen. Gewürze beifügen. Unter Rühren 15 Minuten kochen, nach Bedarf mit Wein verdünnen. Die Konsistenz sollte eher flüssig sein.
Den Senf auskühlen lassen, dann in ein Glas mit Schraubverschluss abfüllen. Kühl gelagert, ist er mehrere Monate haltbar. Passt auch zu Schinken und Wurstwaren.

Für 1 Glas von ca. 5 dl Inhalt
400 g Kirschen, entsteint
3–4 EL Zucker
2 EL Mehl, braun geröstet
2 dl Rotwein
1 Msp. Gewürznelkenpulver
1 TL Galgantpulver
1 1/2 TL Zimtpulver
1/2 TL Senfsamenpulver
1/2 TL Ingwerpulver
1 Prise Salz

Der Name «Ravgchöch» kommt von «Raven», wie man früher Bodenkohlrabi auch nannte, und dem Mundartausdruck für die Kocherei: «Gchöch». Der Bodenkohlrabi ist eine Kreuzung zwischen Kohlrabi und Räben.
Die Galgant- oder Galangalwurzel wächst in Südchina und Indonesien. Der Geschmack ist harzig-würzig. Den Weg ins Berner Oberland könnte das Gewürz dank den Schweizer Reisläufern gefunden haben.

BÄRNER PLATTE

Für den Sud alle Zutaten in eine Pfanne geben. Siedfleisch beifügen, mit Wasser bedecken und 2 Stunden leicht sieden.
Für das Sauerkraut Zwiebeln in Butter andünsten. Sauerkraut beifügen. Mit Wein und Bouillon ablöschen. Gewürze dazugeben. Speck darauf legen. Zugedeckt 90 Minuten kochen. Kartoffel dazuraffeln. 10 Minuten kochen, abschmecken. Zungenwurst auf dem Sauerkraut 10 Minuten erwärmen.
Für die Dörrbohnen Zwiebeln und Knoblauch in Butter andünsten. Bohnen abtropfen lassen und beifügen. Bohnenkraut und 1–2 dl Siedfleischsud dazugeben. Zugedeckt ca. 20 Minuten kochen. Rippli und Zunge ca. 10 Minuten auf den Bohnen erhitzen. Das Sauerkraut und die Dörrbohnen auf einer vorgewärmten Platte anrichten.
Das Fleisch aufschneiden und darauf verteilen.
Dazu passen Salzkartoffeln.

Für 6 Portionen

400 g Rindfleisch zum Sieden
250 g ungeräucherter Speck
1 Zungenwurst
250 g Rippli, gekocht
250 g Zunge, gekocht

Sud

1 Zwiebel, mit 1 Lorbeerblatt und 2 Gewürznelken besteckt
1/2 Lauchstängel,
1 Rüebli und 1 Pfälzerrüebli, in Stücke geschnitten
1/6 Sellerieknolle

Sauerkraut

1 Zwiebel, fein gehackt
Butter zum Andünsten
500 g rohes Sauerkraut
2 dl Weisswein
ca. 6 dl Gemüsebouillon
10 Wacholderbeeren
1 Prise Kümmel
1 Kartoffel, geschält

Dörrbohnen

1 Zwiebel, fein gehackt
1 Knoblauchzehe, fein gehackt
Butter zum Andünsten
100 g Dörrbohnen, im Kühlschrank 12 Stunden zugedeckt in Wasser eingelegt
2 Zweiglein frisches oder 1 TL getrocknetes Bohnenkraut
Salz, Pfeffer

Sauerkraut ist gehobelter Weisskohl, der mit Salz vermischt in Bottiche gefüllt wird: Nach einigen Wochen entwickelt sich eine milchsaure Gärung. Diese Milchsäure macht das Sauerkraut haltbar und ist gesundheitlich wertvoll. Zudem ist rohes Sauerkraut ein guter Vitamin-C-Lieferant.

MERINGUE

Eiweiss flaumig schlagen. Zucker einrieseln lassen und 10 Minuten weiterschlagen, bis die Masse fest und glänzend ist.

Meringuemasse in einen Dressiersack füllen und auf ein mit Backpapier belegtes Blech spritzen. Auf der untersten Rille des auf 90 °C vorgeheizten Ofens, wenn möglich mit Umluft, ca. 2 Stunden trocknen lassen. Dabei die Ofentür mit einem eingeklemmten Spachtel einen Spaltbreit offen halten. Meringueschalen auf einem Gitter auskühlen lassen.

Die Meringues mit Rahm servieren.

Für ca. 4 Stück

4 Eiweiss

200 g Zucker

Zum Servieren

4 dl Vollrahm, steif geschlagen

Damit die Meringueschalen gelingen, braucht es einen Schwingbesen mit vielen Drähten und langes Schlagen in einer grossen Schüssel – so bildet sich aus dem Kristallzucker und der Eiweissfeuchtigkeit eine klebrige, sehr feste, glänzende Masse. Sehr gut eignet sich dazu auch eine Küchenmaschine mit Rührwerk. Für bräunliche Meringueschalen die Ofentemperatur leicht erhöhen.

Fisch mit Trauben oder

Variationen mit Gruyère:

Lebenskunst ist eine Frage der Fantasie,

egal, wo man is(s)t.

Fribourg – Genfersee-gebiet

CUIT
ires
gr

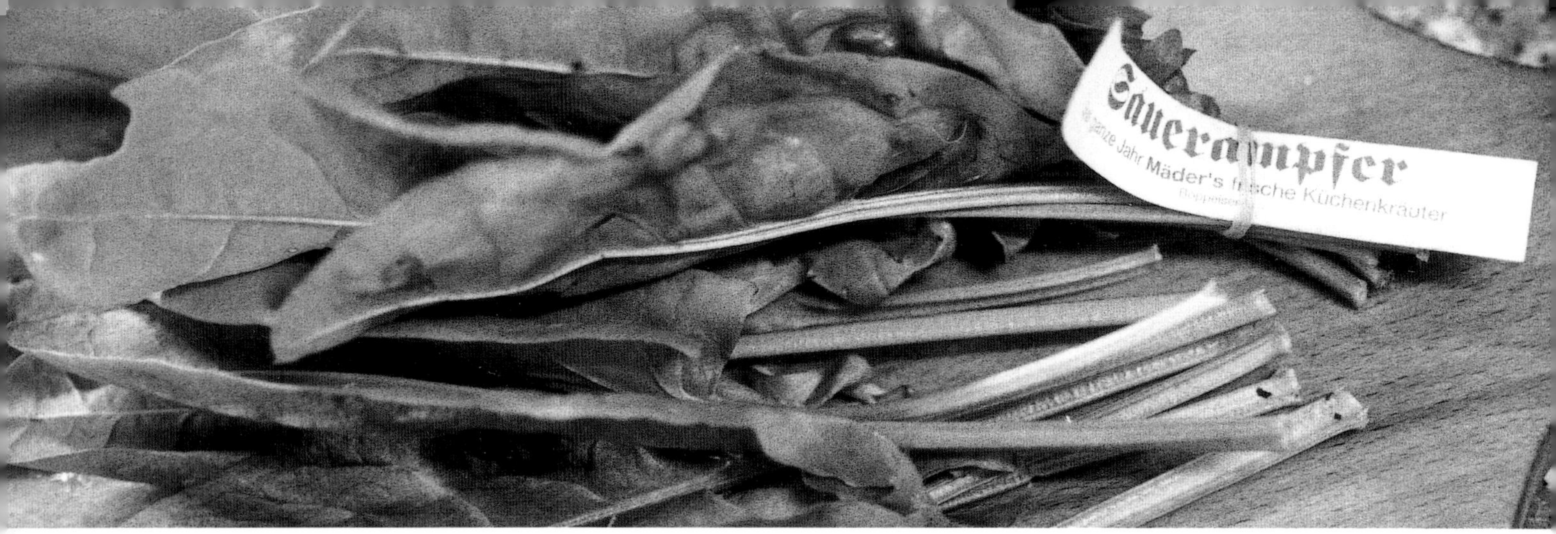

PURÉE D'OSEILLE

SUR CROÛTES

Brotscheiben auf einem Blech im auf 210 °C vorgeheizten Ofen goldbraun rösten.
Für das Püree Sauerampfer in Butter kurz andünsten. Rahm mit Mehl verrühren und beifügen, kurz aufkochen. Mit Salz und Pfeffer würzen, auskühlen lassen.
Crème de Gruyère oder Mascarpone unter das Püree mischen und abschmecken.
Die Croûtes mit dem Püree bestreichen. Mit Sauerampfer bestreuen. Auf einer Platte anrichten.

Für 4-6 Portionen

14 Baguettescheiben, 1 cm dick

Püree

200 g Sauerampfer, blanchiert, ausgepresst, gehackt
Butter zum Andünsten
0,5 dl Vollrahm
1 TL Mehl
Salz, Pfeffer
150 g Crème de Gruyère (Doppelrahm) oder Mascarpone

Zum Bestreuen

Sauerampfer, gehackt

Sauerampfer ist ein wild wachsendes Knöterichgewächs: Die Blätter können auf ungedüngten Frühjahrswiesen selbst gepflückt werden oder sind als Gewürzkraut in gut sortierten Lebensmittelgeschäften erhältlich. Sauerampfer enthält (wie Rhabarber) Oxalsäure.

OMBLE CHEVALIER

AVEC RAISINS VERTS

Saiblinge mit Haushaltpapier trockenreiben. Mit Salz und Pfeffer würzen. Schalotten in Butter andünsten und in eine ausgebutterte ofenfeste Form verteilen. Saiblinge darauf legen. Wein dazugiessen. Zugedeckt in der unteren Hälfte des auf 180 °C vorgeheizten Ofens ca. 20 Minuten pochieren.
Für die Traubensauce Fischsud in ein Pfännchen absieben und um 1/3 einkochen. Rahm mit Maizena mischen und dazugiessen, verrühren. Sauce aufkochen, mit Zitronensaft, Salz und Pfeffer abschmecken. Trauben beifügen.
Die Saiblinge auf einer vorgewärmten Platte anrichten, Haut zwischen Kopf und Schwanz entfernen. Die Traubensauce darüber giessen.

Für 4 Portionen

4 Seesaiblinge, je 250 g, küchenfertig
Salz, Pfeffer aus der Mühle
2 Schalotten, fein gehackt
Butter zum Andünsten
Butter für die Form
4 dl Weisswein, z. B. Féchy

Traubensauce

1,5 dl Vollrahm
1 TL Maizena
1 EL Zitronensaft
Salz, weisser Pfeffer aus der Mühle
200 g nicht ganz reife weisse Traubenbeeren, blanchiert, enthäutet, entkernt

Omble Chevalier – Seesaibling ist ein Süsswasserfisch, der zur selben Familie wie Forelle und Lachs gehört. Seesaiblinge haben meist eine sehr schleimige Schicht über der Haut: zum Entfernen kräftig mit Salz bestreuen und mit Haushaltpapier abreiben.

GRATIN DE CARDONS

Kardenstängel in Essigwasser einlegen und an einem kühlen Ort mindestens 24 Stunden ziehen lassen.
Karden in ca. 6 cm lange Stücke schneiden. In Salz-Zitronen-Wasser ca. 10 Minuten kochen. Abtropfen lassen und in eine ausgebutterte ofenfeste Form geben.
Für den Guss den Rahm würzen.
Die Karden mit Guss übergiessen. Mit Gruyère bestreuen. In der Mitte des auf 220 °C vorgeheizten Ofens ca. 15 Minuten goldgelb überbacken.

Für 4-6 Portionen
1 kg Kardenstängel, stachelige Ränder entfernt, Fasern abgezogen
1 dl Weissweinessig
1 TL Salz
1/2 Zitrone, Saft
Butter für die Form

Guss
2 dl Vollrahm
Salz, Pfeffer, Muskatnuss
100 g Gruyère, gerieben

RAMEQUIN

Brotscheiben mit ca. 100 g Gruyère in eine ausgebutterte ofenfeste Form schichten.
Für den Guss Milch mit Eiern verquirlen und würzen.
Die Brotscheiben mit Guss übergiessen. Mit restlichem Gruyère bestreuen. In der unteren Hälfte des auf 200 °C vorgeheizten Ofens ca. 30 Minuten backen.

Für 4 Portionen
12 Weissbrotscheiben, ca. 1 cm dick
150 g Gruyère, gerieben
Butter für die Form

Guss
4 dl Milch, 4 Eier
Salz, Pfeffer, Muskatnuss, Paprikapulver

Karde, Cardon, Cardy oder Kardone kennt man auch als «spanische Artischocke»: Im Gegensatz zur Artischocke werden jedoch nicht die geschlossenen Blütenköpfe, sondern die gebleichten Stängel verwendet. Geschmacklich sind die stacheligen Kardensorten besser als die stachelfreien. In der französischen Schweiz gehören die «Cardons» zum weihnachtlichen Festessen.

POMMES FARCIES

Für die Füllung Fleisch in heisser Butter anbraten. Schalotten und Petersilie beifügen, dünsten. Mehl darüber stäuben und vermischen. Mit Wein und Bouillon ablöschen. Sultaninen dazugeben. Salzen, Flüssigkeit einkochen und Füllung abschmecken.
Äpfel mit einem Pariserlöffeli aushöhlen. Mit der Füllung füllen. In eine ausgebutterte ofenfeste Form geben. Bouillon angiessen.
Die Pommes farcies auf der zweituntersten Rille des auf 200 °C vorgeheizten Ofens ca. 40 Minuten backen.

Für 4 Portionen

8 Äpfel, fest kochende Sorte wie Jonagold, Golden Delicious, Cox Orange
Butter für die Form
1 dl Gemüsebouillon

Füllung

300 g gemischtes Hackfleisch
Bratbutter zum Anbraten
2 Schalotten, fein gehackt
1 Bund Petersilie, fein gehackt
1 EL Mehl
1,5 dl Weisswein
1 dl Gemüsebouillon
30–50 g Sultaninen
Salz

PARFAIT AU VIN CUIT

Eigelb mit Zucker cremig rühren. Vin cuit beifügen. Rahm darunter ziehen.
Parfaitmasse in eine kältefeste Form füllen und im Tiefkühler mindestens 5 Stunden gefrieren lassen.
Das Parfait in Glaceschalen anrichten. Mit Vin cuit beträufeln. Mit kandierten Veilchen bestreuen.

Für 4 Portionen

2 Eigelb

2 EL Zucker

2 EL Vin cuit

2 dl Vollrahm, steif geschlagen

Vin cuit zum Beträufeln

Garnitur

kandierte Veilchen, nach Belieben

Vin cuit ist ein bis nahe ans Caramelisieren eingekochter Birnensaft. Dunkelbraun und von herber Süsse wird er auch zur Zubereitung der «Tarte au vin cuit» verwendet.

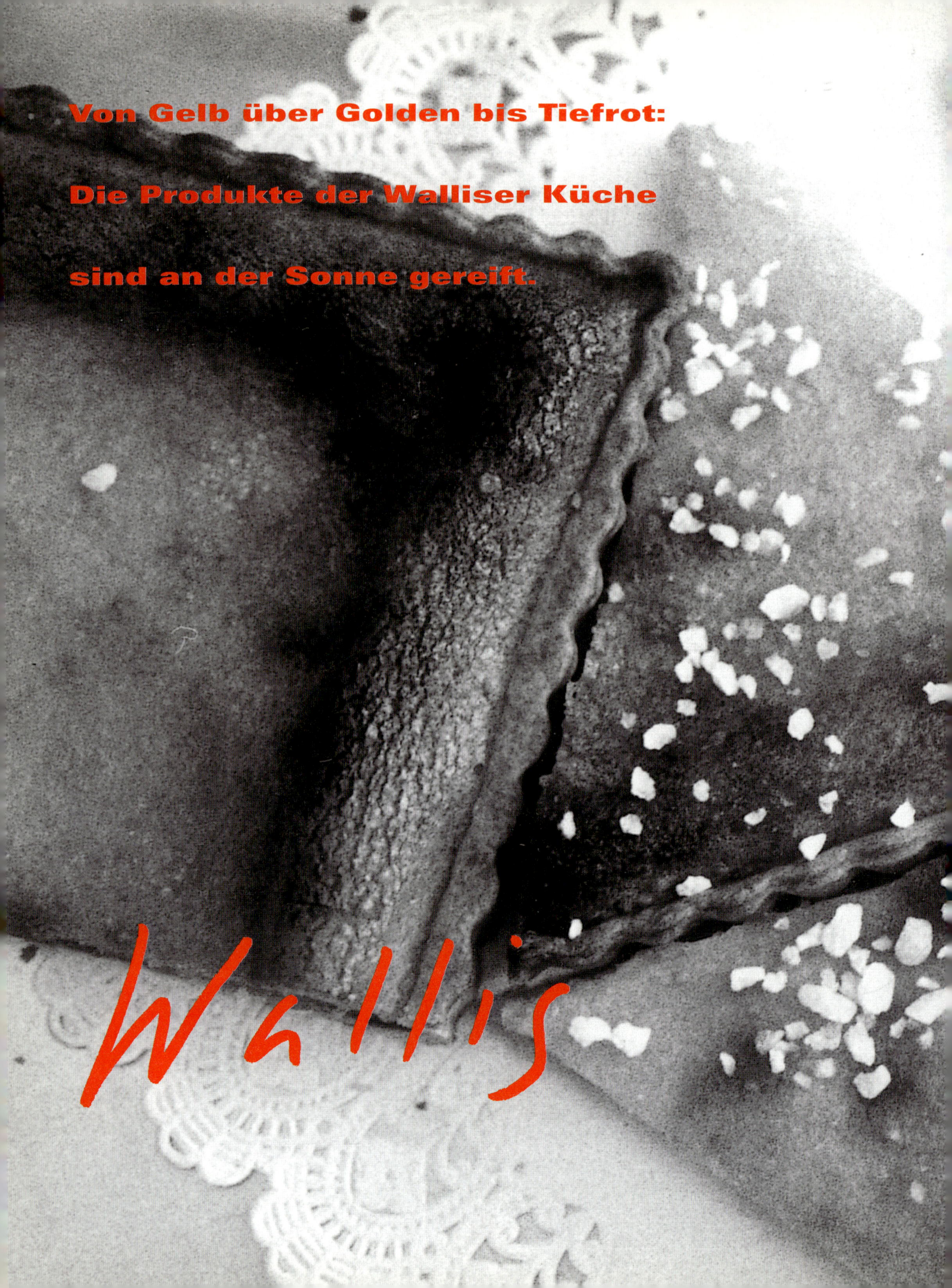
Von Gelb über Golden bis Tiefrot:
Die Produkte der Walliser Küche
sind an der Sonne gereift.
Wallis

TARTE SAVIÉSANNE

Für die Sauce Bouillon und Wein aufkochen. Rahm mit Maizena mischen und unter Rühren beifügen, aufkochen. Sauce würzen und auskühlen lassen.

2/3 des Teigs auf wenig Mehl rund auswallen. Teig in die Form legen und am Rand ca. 5 cm hochziehen.

Kartoffeln in die Form schichten. Sauce darüber giessen. Lauch, Käse und Speck darauf verteilen.

Teigrand nach innen klappen und mit Wasser befeuchten. Restlichen Teig rund auswallen und auf 26 cm Durchmesser zuschneiden. Teigrondelle auf die Tarte legen, Ränder andrücken. Mit Eigelb bepinseln und mit einer Gabel einstechen.

Tarte in der unteren Hälfte des auf 190 °C vorgeheizten Ofens 75 Minuten backen. Nach 40 Minuten mit Backpapier bedecken. Die Tarte in Stücke schneiden und warm servieren.

Für 1 Backform von 26 cm Durchmesser

500 g Blätterteig
1 Eigelb

Sauce

1 dl Gemüsebouillon
1 dl Weisswein, z. B. Fendant
0,5 dl Vollrahm
1 EL Maizena
Salz, Pfeffer aus der Mühle, Muskatnuss

Füllung

400 g Kartoffeln, geschält, in 2 mm dicke Scheiben geschnitten
400 g Lauch, gerüstet, in 4 cm lange Stücke geschnitten, 5 Minuten blanchiert, abgetropft
200 g Walliser Bergkäse oder Raclettekäse, in Scheiben geschnitten
80 g Bratspeck, in feine Tranchen geschnitten

Die Tarte Saviésanne vereinigt ein komplettes Menü in einem Stück. Rundum in Blätterteig verpackt, kann die Tarte auch von Hand gegessen werden.

HEIMINI

Heimini oder Schnittmangold kurz blanchieren. Mehl in Butter andünsten. Milch und Rahm dazugiessen, aufkochen. Mit Salz und Muskatnuss würzen. Heimini beifügen und kurz erhitzen.
Brotwürfeli in Butter goldgelb rösten.
Heimini auf einer Platte anrichten. Mit den Brotwürfeli bestreuen.

Für 4 Portionen

500 g Heimini
oder Schnittmangold,
grobe Stiele entfernt
1 TL Mehl
1 EL Butter
0,5 dl Milch
0,5 dl Vollrahm
Salz, Muskatnuss
2 Brotscheiben,
in 1 cm grosse Würfeli
geschnitten
Butter zum Rösten

Heimini oder guter Heinrich ist die Mutterpflanze des Spinats: Das immergrüne Gemüse gedeiht gut in höheren Lagen. Erntezeit für die zarten Blätter und Sprossen ist im April.

ÜBERBACKENE TOMATEN

Tomaten auf ein Blech oder in eine ofenfeste Form geben. Mit Salz, Pfeffer und Oregano würzen. Mit Käse belegen. Im auf 200 °C vorgeheizten Ofen ca. 20 Minuten überbacken.
Die Tomaten auf einer vorgewärmten Platte anrichten. Mit Oregano bestreuen.

Für 4 Portionen

4–8 Tomaten, fleischige Sorte, waagrecht halbiert
Salz, Pfeffer, Oreganoblättchen
150 g Walliser Bergkäse, in Scheiben geschnitten
Oregano zum Bestreuen

SPARGELN AN VINAIGRETTE

Für die Vinaigrette alle Zutaten mischen und abschmecken.

Spargeln in einen Siebaufsatz geben und über dem Dampf 5–10 Minuten bissfest garen.

Die warmen Spargeln mit der Vinaigrette mischen. In einer Schüssel anrichten und lauwarm servieren.

Für 4 Portionen

je 500 g grüne und weisse Spargeln, geschält, schräg in 4 cm lange Stücke geschnitten

Vinaigrette

6 EL Olivenöl
3 EL Apfelessig
1 Msp. Honig
0,5 dl Gemüsebouillon
1 Knoblauchzehe, gepresst
4 getrocknete Tomaten, fein gehackt
1 Schalotte, fein gehackt
1 Bund Schnittlauch, fein geschnitten
Salz, Pfeffer

Die grüne Spargel wächst bei Tageslicht und hat eine leicht bittere Note. Die weisse Spargel gedeiht unter aufgehäuften Erdwällen. Auf unseren Organismus wirken Spargeln entschlackend, nierenstimulierend und beruhigend.

SAFRANBROT

Mehl, Salz und Zucker in einer Schüssel mischen, eine Mulde formen. Butter in kleinen Stücken auf dem Mehlrand verteilen. Hefe in 0,5 dl Milch auflösen, in die Mulde giessen und mit wenig Mehl zu einem Teiglein anrühren. Bei Raumtemperatur stehen lassen, bis sich Blasen bilden.

Safran in restlicher Milch auflösen und mit Ei in die Mulde giessen. Zu einem Teig zusammenfügen und kneten, bis er weich und elastisch ist. Mandeln und Rosinen dazukneten. Teig zugedeckt bei Raumtemperatur aufs Doppelte aufgehen lassen.

Aus dem Teig 2 längliche Brote formen. Mit einer Schere einschneiden. Auf ein mit Backpapier belegtes Blech geben und zugedeckt ca. 40 Minuten aufgehen lassen.

Eigelb mit Safran verrühren. Brote damit bepinseln und mit Mandeln bestreuen.

Die Safranbrote im unteren Drittel des auf 200 °C vorgeheizten Ofens ca. 40 Minuten backen.

Für 2 Brote

1,2 kg Mehl
2 TL Salz
100–150 g Zucker
200 g Butter, weich
20 g Hefe, zerbröckelt
5–6 dl Milch
3 Briefchen Safran
1 Ei
100 g geschälte Mandeln, gehackt
150 g Rosinen
1 Eigelb
1 Msp. Safran
2 EL geschälte Mandeln, gehackt

Safran wächst in der Walliser Gemeinde Mund in 1200 m Höhe. Im Oktober werden von der krokusartigen, lilafarbenen Blüte nur die drei roten Blütennarben geerntet. Aus 120 000 Blüten wird so in aufwändiger Handarbeit ca. 1 Kilo Safran gewonnen.

TARTE AUX ABRICOTS

Mehl, Zucker und Salz mischen. Butter beifügen und zu einer krümeligen Masse verreiben. Eigelb und Wasser dazugeben. Rasch zu einem Teig zusammenfügen. Kühl stellen.
Teig auf wenig Mehl rund, 2 mm dick auswallen. Im Blech auslegen und mit einer Gabel einstechen.
Für den Belag Zucker, Griess und Zimt mischen und auf dem Teigboden verteilen. Aprikosen darauf anordnen. Mit Zucker bestreuen.
Tarte in der unteren Hälfte des auf 210 °C vorgeheizten Ofens ca. 40 Minuten backen. Wenn die Aprikosenspitzchen dunkel werden, mit Backpapier bedecken. Tarte auf einem Gitter leicht auskühlen lassen.
Die lauwarme Tarte auf einer Platte anrichten und in Stücke schneiden. Mit Rahm garnieren.

Für 1 Blech
von 22 cm Durchmesser
250 g Mehl
50 g Zucker
1/4 TL Salz
120 g kalte Butter,
in Stückchen geschnitten
2 Eigelb, verquirlt
ca. 0,5 dl Wasser

Belag
2–3 EL Zucker
1 EL Griess
1/2 TL Zimtpulver
ca. 1 kg Aprikosen,
entsteint, geviertelt
Zucker zum Bestreuen

Garnitur
1,8 dl Vollrahm,
steif geschlagen

RIISTURTU

Für den Milchreis Milch mit Rahm, Salz und Vanillestängel aufkochen. Reis beifügen und unter Rühren aufkochen. Zugedeckt bei kleiner Hitze 45 Minuten kochen, öfters rühren. Vanillestängel entfernen und Milchreis auskühlen lassen.

Eigelb, Zimt, Zitronensaft, -schale, Zucker und Aprikosen zum Reis mischen. Eischnee darunter ziehen. Masse in die vorbereitete Form füllen.

Riisturtu in der unteren Hälfte des auf 180 °C vorgeheizten Ofens 40 Minuten backen. In der Form leicht auskühlen lassen, dann herausnehmen und erkalten lassen.

Die Riisturtu mit **Puderzucker** bestäuben und mit Minze garnieren.

Für 1 Springform
von 16 cm Durchmesser
Backpapier für den Boden,
Butter und Mehl für den Rand

Milchreis
5 dl Milch
2 dl Vollrahm
2 Prisen Salz
1 Vanillestängel, aufgeschlitzt
150 g Milchreis, z. B. Origiano
2 Eigelb, verquirlt
1 Msp. Zimtpulver
1 Zitrone, Saft und
halb abgeriebene Schale
3 EL Zucker
70 g gedörrte Aprikosen,
in kleine Stücke
geschnitten
2 Eiweiss, steif geschlagen

Garnitur
Puderzucker
Minzenblättchen

Für Nicht-WalliserInnen: Riisturtu heisst so viel wie Reistorte.

TÄTERE

Mehl und Salz mischen. Butter beifügen und zu einer feinkrümeligen Masse verreiben, eine Mulde formen. Wasser hineingiessen. Mit dem Teighorn zu einem Teigballen zusammenfügen, nicht kneten. Zugedeckt 20 Minuten kühl stellen.

Teig auf wenig Mehl rund, ca. 2 mm dick auswallen. Im Blech auslegen und mit einer Gabel einstechen. Kühl stellen.

Weinbeeren auf dem Teigboden verteilen. Für den Guss alle Zutaten mit dem Schwingbesen verrühren und darüber giessen.

Tätere auf der untersten Rille des auf 200 °C vorgeheizten Ofens 40 Minuten backen. Im Blech leicht auskühlen lassen, dann herausnehmen und auf einem Gitter erkalten lassen. Die Tätere mit **Hagelzucker** bestreuen.

Für 1 Blech von 22 cm Durchmesser

250 g Mehl
1 TL Salz
100 g kalte Butter, in Stückchen geschnitten
ca. 1 dl Wasser

Belag

100 g Weinbeeren, in Wasser eingeweicht, abgetropft

Guss

3 dl Rahm
1 EL Mehl
3 EL Zucker
1 Zitrone, Saft und halb abgeriebene Schale
3 Eier, verquirlt
Hagelzucker zum Bestreuen

Wind und Kälte beherrschen die Höhen, die Küche aber durchweht der Kräuterduft der Weiden.

Jura Neuchâ

fel

LES SÈCHES AU CUMIN

Mehl und Salz in einer Schüssel mischen. Hefe mit Zucker in Wasser auflösen und zum Mehl geben. Zu einem weichen Teigballen kneten. Zugedeckt aufs Doppelte aufgehen lassen.

Teig in 8 Portionen schneiden. Auf wenig Mehl zu 1 mm dicken Rondellen mit 20–30 cm Durchmesser auswallen. Auf ein mit Backpapier belegtes Blech geben. Mit Butter bepinseln und mit Kümmel bestreuen. In der Mitte des auf 240 °C vorgeheizten Ofens ca. 8 Minuten backen.

Les Sèches mit einem Glas Weisswein als Apéro servieren.

Für ca. 8 Stück

400 g Halbweissmehl
1 TL Salz
20 g Hefe
1/2 TL Zucker
2,5 dl Wasser
flüssige Butter zum Bepinseln
Kümmel zum Bestreuen

TRUITES AUX FINES HERBES

Für die Beilage Kartoffeln in Bouillon ca. 20 Minuten weich kochen.
Für den Sud Wein bis und mit Pfeffer in einer Fischpfanne oder Sauteuse aufkochen.
Forellen in den Sud geben und unter dem Siedepunkt ca. 15 Minuten pochieren. Herausnehmen und auf vorgewärmten Tellern zugedeckt beiseite stellen.
Sud sprudelnd auf 3dl einkochen. Abschmecken und Rahm dazugiessen.
Die Kräutersauce über die Forellen giessen und mit Kräutern bestreuen. Die Kartoffeln auf einer vorgewärmten Platte anrichten und mit Petersilie bestreuen.

Für 4 Portionen

4 Forellen, je 250 g, küchenfertig

Sud

3 dl Weisswein
4 dl Fischbouillon
100 g Butter
1/2 Bund Petersilie, fein gehackt
1/2 Bund Kerbel, fein gehackt
1 Bund Schnittlauch, fein geschnitten
ca. 1/2 TL Salz
weisser Pfeffer aus der Mühle
3 EL Vollrahm

Beilage

800 g Kartoffeln, z. B. Charlotte, geschält, längs geviertelt
2 dl Gemüsebouillon

Zum Bestreuen

Petersilie, Kerbel und Schnittlauch, fein geschnitten

Fangfrische Forellen sind mit einem feinen Schleim überzogen, der sich beim Pochieren blauweiss verfärbt: Ein Zeichen der Frische!

MAVES AVEC SAUCISSON

Saucisson unter dem Siedepunkt je nach Sorte 15–40 Minuten garen.
Kartoffeln und Äpfel in wenig Salzwasser weich kochen. Kochwasser abgiessen. Kartoffeln und Äpfel mit dem Kartoffelstampfer oder Passevite pürieren. Püree mit Salz und Pfeffer abschmecken. Rahm dazumischen.
Maves auf vorgewärmten Tellern anrichten. Die Saucisson in Rädchen schneiden und dazulegen.

Für 4 Portionen

1 Saucisson
500 g Kartoffeln, z. B. Agria oder Bintje, geschält, in Stücke geschnitten
500 g Äpfel, z. B. Cox Orange oder Jonagold, geschält, entkernt, in Stücke geschnitten
Salz, Pfeffer
0,5–1 dl Vollrahm, nach Belieben

Die Saucisson ist im Vergleich zur Saucisse dicker. Die Saucisson de Neuchâtel wird aus reinem Schweinefleisch hergestellt: 30–40 Minuten bei 70 °C ziehen lassen.

CRÈME AU SUCRE BRÛLÉ

Für 6 Portionen

150 g Zucker
1 dl Wasser
5 dl Milch
2 EL Maizena
0,5 dl Milch
4 Eigelb
1–1,8 dl Vollrahm, steif geschlagen

Zucker in einer Pfanne caramelisieren, bis er schäumt. Pfanne von der Herdplatte nehmen und Wasser dazugiessen. Zurück auf die Herdplatte stellen und das Caramel kochen, bis es aufgelöst ist. Milch dazugiessen und aufkochen.

Maizena in Milch auflösen. Eigelb beifügen und verrühren. Caramelmilch mit dem Schwingbesen einrühren. In der Pfanne unter Rühren cremig binden (nicht kochen). Creme zugedeckt auskühlen lassen, dann in den Kühlschrank stellen.

Die Creme mit einem Teil des Rahms mischen. In Dessertschälchen anrichten. Mit restlichem Rahm garnieren.

BRICELETS SUCRÉS

Für ca. 50 Stück

Bretzelieisen
Butter für das Bretzelieisen

Teig

250 g Crème de Gruyère (Doppelrahm)
160 g Zucker
1,75 dl Weisswein
1 Prise Salz
ca. 220 g Mehl

Für den Teig Crème de Gruyère mit Zucker und Wein verrühren, bis der Zucker aufgelöst ist. Salz und Mehl darunter mischen. Zu einem glatten Teig rühren. Zugedeckt 2 Stunden ruhen lassen.

Bretzelieisen erhitzen. Für kleine Bricelets ca. 1/2 TL Teig auf jede Form geben und hellbraun ausbacken.

Die Bricelets auf einem Gitter auskühlen lassen. In einer Dose aufbewahren.

Nach dem Sonntagsbraten Süssmostcreme und Apfelkuchen: Obst gibt es ums Kloster St.Gallen im Überfluss. Der geriebene Apfel im Birchermüesli ist die gesunde Variante aus Zürich.

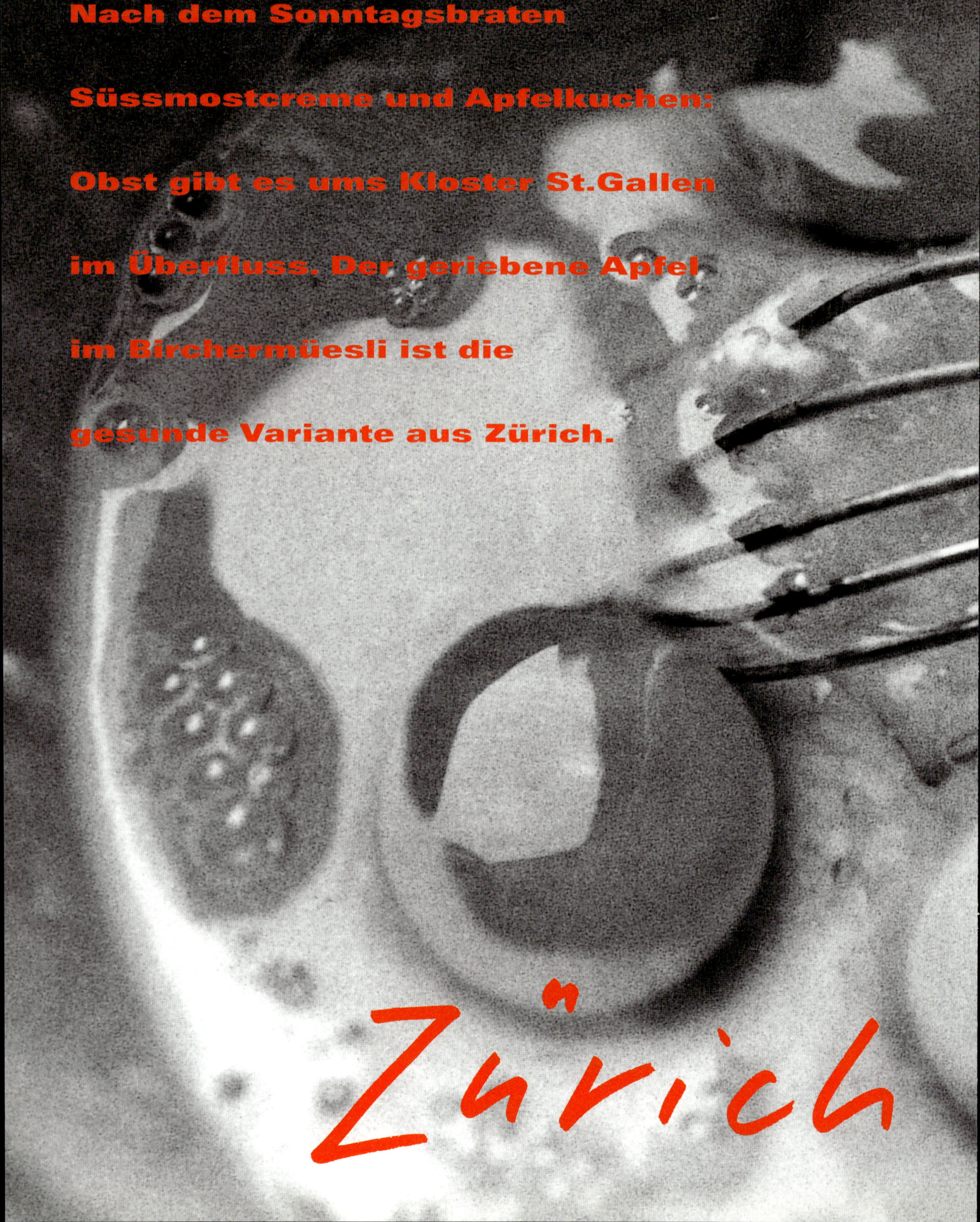

Ostschweiz

FISCHSUPPE

Sellerie und Lauch fein schneiden. Rüebli schälen und in Würfel schneiden. Schalotten, Knoblauch und Gemüse in Öl andünsten. Mit Wein und Bouillon ablöschen. Lorbeer und Thymian beifügen. Mit Safran, Salz und Pfeffer würzen. Suppe 30 Minuten leicht kochen.

Fisch hineingeben und am Siedepunkt ca. 3–5 Minuten ziehen lassen.

Suppe in eine Pfanne absieben. Mit Mehlbutter binden und abschmecken. Rahm mit Eigelb verrühren und mit dem Schwingbesen zur Suppe rühren (nicht mehr kochen).

Die Suppe mit dem Fisch und Gemüse in einer vorgewärmten Suppenschüssel anrichten. Mit Petersilie bestreuen. Brot und Butter dazu servieren.

Für 4–6 Portionen

1–2 Stängel Stangensellerie
1/2 Lauchstängel
1 Rüebli und 1 Pfälzerrüebli
1 Schalotte, gehackt
1 Knoblauchzehe, gehackt
Sonnenblumenöl zum Andünsten
2 dl Weisswein
7 dl nicht reduzierte Fisch- oder Gemüsebouillon
2 Lorbeerblätter, 1 Zweig Thymian
1 Prise Safranpulver
Salz, weisser Pfeffer
600 g Fischfilets von Forelle, Felchen und Egli, in ca. 5 cm breite Stücke geschnitten
1 TL Mehlbutter
1 dl Rahm
1 Eigelb
1 Bund Petersilie, gehackt

Zum Servieren

8 Baguettescheiben, schräg 1 cm dick geschnitten, hellbraun geröstet
Butter, nach Belieben

Rahm mit Eigelb vermischt, ist eine feine Art, Suppen zu legieren – das heisst die wässrige Flüssigkeit wird leicht sämig: Dazu muss die Suppe kochend heiss sein, darf jedoch nicht kochen, sonst flockt das eiweisshaltige Eigelb aus.

LEBERRÖLLCHEN AM SPIESS

Leberplätzli längs in 3 cm breite Streifen schneiden. Je mit 1 Specktranche und 1 Salbeiblättchen belegen, einrollen.

Leberröllchen an die Spiesse stecken. In heisser Butter beidseitig kurz anbraten. Mit Pfeffer würzen. Die Leberröllchen am Spiess auf einer Platte anrichten.

Dazu passen Glarner Zoggle (Rezept Seite 110).

Für 4 Portionen

400 g Kalbsleberplätzli, ca. 5 mm dick

100 g dünne Specktranchen

Salbeiblättchen

Butter zum Braten

Pfeffer aus der Mühle

GLARNER ZOGGLE

Mehl, Dunst und Salz in eine Schüssel geben. Eier mit Milchwasser verrühren und dazugiessen. Mit einer Holzkelle zu einem glatten Teig klopfen. Schabziger darunter mischen. Teig zugedeckt 30 Minuten ruhen lassen.

Teig portionenweise durchs Knöpflisieb oder von einem Brett in sprudelndes Salzwasser streichen. Sobald die Zoggle an die Oberfläche steigen, mit einer Schaumkelle herausnehmen und abtropfen lassen. In einer vorgewärmten Schüssel zugedeckt warm stellen.

Butter in einer Bratpfanne aufschäumen. Mit Salz, Pfeffer und Muskatnuss würzen.

Die Glarner Zoggle darin schwenken. Auf einer vorgewärmten Platte anrichten. Schabziger dazu servieren.

Für 4 Portionen

300 g Weissmehl
100 g Hartweizendunst
oder Teigwarenmehl
2 TL Salz
4 Eier
2 dl halb Milch, halb Wasser
80 g Schabziger, gerieben
ca. 30 g Butter
Salz, Pfeffer, Muskatnuss

Zum Servieren

Schabziger zum Reiben

Ziger ist ein fettarmer Frischkäse: Er wird aus dem geronnenen Eiweissanteil der Molkenflüssigkeit hergestellt. Schabziger, mit Zigerklee gewürzt, wird als Zigerstöckli angeboten. Am bekanntesten ist der Glarner Schabziger.

KARTOFFELSTOCK

Kartoffeln mit Salzwasser knapp bedeckt sehr weich kochen. Kochwasser abgiessen. Kartoffeln ausdampfen lassen, dann mit dem Kartoffelstampfer oder Passevite pürieren. Milch dazugiessen, bis das Püree eine cremige Konsistenz hat. Butter beifügen. Mit Salz, Pfeffer und Muskatnuss würzen.
Erbsli in siedendem Salzwasser 5 Minuten blanchieren. Abtropfen lassen und mit Butter mischen.
Den Kartoffelstock und die Erbsli auf vorgewärmten Platten anrichten. Oder mit dem Dressiersack Kartoffelstockrosetten formen und diese mit Erbsli füllen.

Für 4 Portionen

1 kg Kartoffeln, z. B. Agria oder Bintje, geschält, in Stücke geschnitten
2–3 dl Milch
Butter, nach Belieben
Salz,
Pfeffer, Muskatnuss

Erbsli

200 g Erbsli
wenig Butter

Kartoffelstock ist ein Gericht mit einer idealen, hochwertigen Eiweisskombination: Das Eiweiss der Kartoffel verbindet sich mit dem Milcheiweiss.

SAUERBRATEN

Für die Marinade alle Zutaten in eine Schüssel geben. Fleisch beifügen und zugedeckt im Kühlschrank 3–5 Tage marinieren.
Fleisch herausnehmen und abtropfen lassen. Marinade in eine Pfanne absieben und aufkochen, Schaum abschöpfen. Gemüse und Marinade beiseite stellen. Fleisch in Öl rundum gut anbraten. Herausnehmen, würzen und zugedeckt beiseite stellen.
Für die Sauce Mehl im verbliebenen Bratsatz dunkelbraun rösten. Mit 5 dl Marinade ablöschen. Bouillon dazugiessen, verrühren und aufkochen. Braten und Marinadengemüse beifügen. Mit Salz und Pfeffer würzen. Zugedeckt 2 Stunden schmoren.
Braten aus der Sauce nehmen und zugedeckt beiseite stellen. Sauce passieren, nach Bedarf einkochen und abschmecken.
Den Sauerbraten in 5 mm dicke Tranchen schneiden und auf einer vorgewärmten Platte anrichten. Die Sauce in einer Sauciere servieren.
Dazu passen gedämpfte Erbsli und Rüebli sowie Kartoffelstock (Rezept Seite 111).

Für 6 Portionen
1,5 kg Rindfleisch
für Schmorbraten
(Huftdeckel, runder Mocken)
Öl zum Anbraten
Salz, Pfeffer

Marinade
7 dl Apfelwein
1 dl Apfelessig
3 Schalotten, mit Lorbeer
und Gewürznelke besteckt
2 Knoblauchzehen (ganz)
1 kleiner Lauchstängel,
in Stücke geschnitten
1 Rüebli, geschält

Sauce
1–2 EL Mehl
5 dl Fleischbouillon

BIRCHERMÜESLI

Haferflocken mit Wasser, Rahm, Honig oder Zucker und Zitronensaft mischen. Äpfel an der Bircherraffel dazureiben, öfters mischen. Mit Haselnüssen bestreuen.

Das Birchermüesli in einer Schüssel servieren. Nach Belieben mit Beeren und Rahm garnieren.

Dazu passen Milchkaffee oder Tee sowie Butterbrote.

Für 4 Portionen

4 EL Haferflocken
8 EL Wasser
4 EL Rahm
1 EL Honig oder Zucker, nach Belieben
2 Zitronen, Saft
8 Äpfel, Stiel und Fliege entfernt
2 EL Haselnüsse, gehackt

Garnitur

frische Saisonbeeren
Vollrahm, steif geschlagen

Das original Birchermüeslirezept ist ein Apfelmüesli mit wenig Haferflocken, die in Wasser eingeweicht wurden (leichter verdaulich), sowie mit Kondensmilch, um die Flüssigkeit anzureichern. Die Rohkost, als Ablösung von den zu lang gekochten Obst- und Gemüsegerichten um die Jahrhundertwende, war das Hauptanliegen des Ernährungsreformators Dr. Maximilian Bircher-Benner.

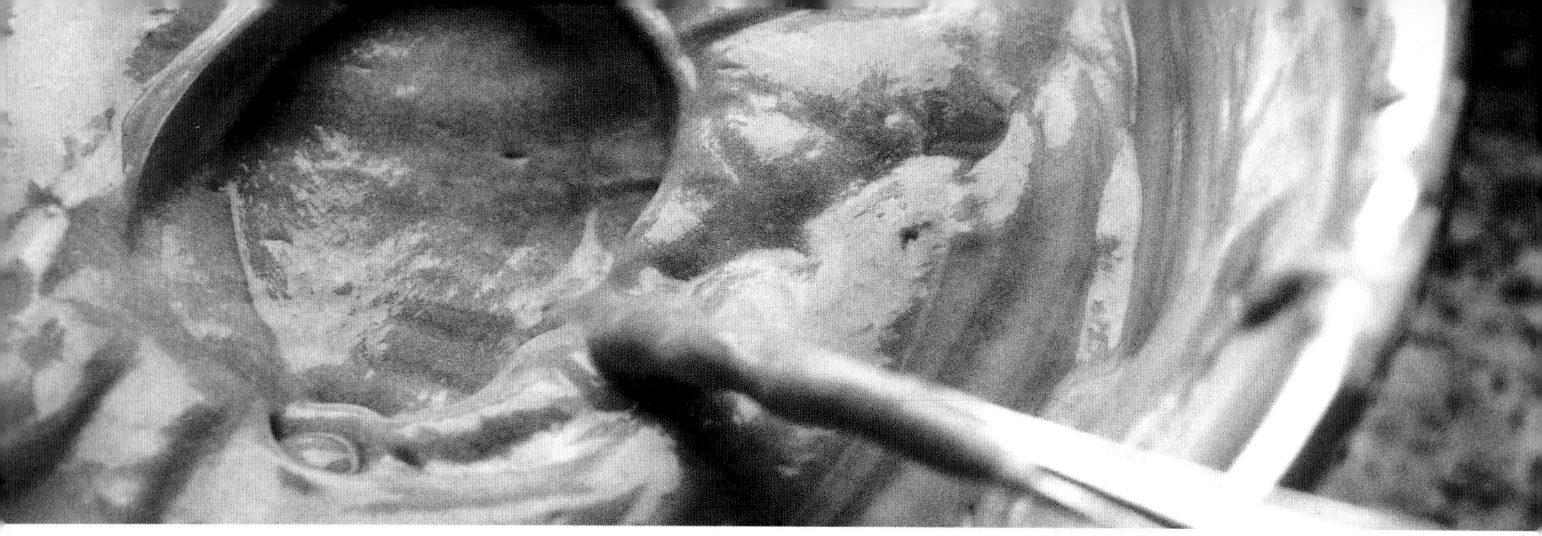

APFELKUCHEN

Für den Teig Butter mit Zucker cremig rühren. Eigelb und Zitronensaft dazumischen. Mehl mit Backpulver mischen, auf die Buttercreme sieben und mit Eischnee sorgfältig darunter ziehen. Teig in die vorbereitete Form füllen.

Äpfel schälen, halbieren, entkernen und lamellenartig einschneiden. Auf dem Teig verteilen. Mit Zucker bestreuen.

Den Apfelkuchen in der unteren Hälfte des auf 180 °C vorgeheizten Ofens ca. 35 Minuten backen. Auf einem Gitter auskühlen lassen.

Für 1 Springform
von 16–18 cm Durchmesser
Backpapier für den Boden,
Butter und Mehl für den Rand

Teig
125 g Butter, 100 g Zucker
2 Eigelb
1 Zitrone, Saft
200 g Mehl, 1 EL Backpulver
2 Eiweiss, steif geschlagen

Belag
3–4 Äpfel, z. B. Cox Orange
2 EL Zucker

SÜSSMOSTCREME

Süssmost, Maizena, Eigelb, Zucker, Zitronensaft und -schale in einer Pfanne gut verrühren. Unter ständigem Rühren erhitzen, bis die Flüssigkeit cremig gebunden ist (nicht kochen).

Die Süssmostcreme in eine Schüssel geben und zugedeckt auskühlen lassen. Kurz vor dem Servieren Rahm darunter ziehen.

Für 4–6 Portionen
5 dl Süssmost, 1 EL Maizena
4 Eigelb, 2 EL Zucker
1 Zitrone, Saft und
wenig abgeriebene Schale
2 dl Vollrahm,
steif geschlagen

Der Apfel ist in der Schweiz die meistgegessene Frucht. Für den Apfelkuchen eignen sich Berner Rose, Sauergrauech, Goldrenette und Cox Orange. Zur feinen Säure und Süsse hat jeder Apfel sein eigenes typisches Aroma.

SCHOKOLADEBIRNEN

Wasser mit Zucker 5 Minuten sprudelnd kochen. Birnen beifügen und weich kochen, im Sud auskühlen lassen.
Für die Schokoladecreme 3dl Birnensud in ein Pfännchen geben. Schokolade beifügen und bei kleiner Hitze schmelzen lassen. Maizena mit 0,25 dl Birnensud anrühren und dazugiessen. Creme unter Rühren aufkochen, auskühlen lassen.
Die Birnen auf Desserttellern anrichten. Mit der Schokoladecreme teilweise übergiessen. Mit Rahm und Mandeln garnieren.

Für 6 Portionen
ca. 7 dl Wasser
100 g Zucker
6 Birnen,
z. B. Conférence oder
Gute Louise,
geschält, halbiert, entkernt
Schokoladecreme
150 g dunkle Schokolade,
zerbröckelt
1 TL Maizena
Garnitur
1,8 dl Vollrahm,
steif geschlagen
2–3 EL Mandelstifte,
leicht geröstet

Birnen haben im Gegensatz zu Äpfeln wenig Fruchtsäure und eignen sich sehr gut für Schokoladedesserts. Dunkle Schokolade hat einen grösseren Kakaobohnenanteil und weniger Zucker als helle Schokolade, dadurch bindet die Creme auch ohne Milch und Ei sämig.

Kastanien, Mais und Nostrano: Das Bodenständige hat den Hauch von Armut abgestreift.

Ticino

BUSECCA

Pancetta mit Zwiebeln und Knoblauch andünsten. Kutteln beifügen und dünsten. Mit Wein und Bouillon ablöschen. Gewürze dazugeben. Bei kleiner Hitze 1 Stunde kochen.
Wirz und Lauch in Streifen schneiden. Rüebli, Kartoffeln und Sellerie schälen und in kleinere Stücke schneiden. Zu den Kutteln geben und ca. 30 Minuten kochen.
Tomaten enthäuten, entkernen und in kleinere Stücke schneiden, beifügen. Busecca aufkochen und abschmecken, Flüssigkeit nach Bedarf mit Bouillon ergänzen.
Die Busecca in vorgewärmten Suppenschüsselchen anrichten. Mit Prezzemolo bestreuen. Parmesan dazu servieren.

Für 6 Portionen

70 g Pancetta (Bauchspeck), in feine Streifen geschnitten
2 Zwiebeln, fein gehackt
2 Knoblauchzehen, fein gehackt
400 g gekochte Kutteln, in Streifen geschnitten
3 dl Weisswein
1,5–2 l leichte Gemüsebouillon
3 Zweiglein Majoran
1 Zweiglein Rosmarin
1 TL Kümmel
3 Wirzblätter
1/2 Lauchstängel
2 Rüebli und 2 Kartoffeln
1 Sellerieschnitz
4 Tomaten
Salz, Pfeffer
1/2 Bund Prezzemolo (glattblättrige Petersilie), grob gehackt

Zum Servieren

100 g Parmesan, gerieben

Kutteln sind die essbaren Teile des Magens und Darms von Kalb oder Rind: Heute sind sie nur noch gekocht erhältlich, sodass die eher unangenehme Kuttelnputzerei wegfällt – in einem Gemüsesud gekocht, könnten rohe Kutteln jedoch ein viel besseres Aroma entwickeln.

PESCE IN CARPIONE

Fische mit Haushaltpapier trockentupfen. Salzen und mit wenig Mehl bestäuben. In einer Bratpfanne in Öl beidseitig anbraten und zugedeckt bei kleiner Hitze ca. 10 Minuten gar schmoren. Fische in eine Platte mit hohem Rand legen.

Für den Sud Schalotten, Knoblauch und Gemüse im verbliebenen Bratsatz weich dünsten. Prezzemolo, Rosmarin und Salbei beifügen. Mit Wein und Essig ablöschen. Salz, Zucker und Pfefferkörner dazugeben. Sud kurz aufkochen.

Den Sud über die Fische giessen. Auskühlen lassen, dann zugedeckt 24 Stunden kühl stellen, dabei die Fische ab und zu mit dem Sud übergiessen.

Für 4 Portionen

4 Forellen, Felchen oder Saiblinge, je 250–300 g, küchenfertig
Salz
Mehl zum Bestäuben
Olivenöl zum Anbraten

Sud

1–2 Schalotten, in Ringe geschnitten
1–2 Knoblauchzehen, in Scheibchen geschnitten
1 Rüebli, geschält, in Scheibchen geschnitten
1/3 Lauchstängel, in feine Ringe geschnitten
1 Bund Prezzemolo (glattblättrige Petersilie), grob gehackt
1 Zweig Rosmarin
2 Zweige Salbei
3 dl Weisswein, z. B. Merlot
2 dl milder Rotweinessig
1 TL Salz
1–2 TL Zucker
1 TL Pfefferkörner

Die Säuren von Essig und Wein wirken konservierend: Das Fischgericht ist im Kühlschrank 1 Woche haltbar.

POLENTA NEGRA

Bouillon aufkochen. Mehl mit Maisgriess mischen und unter Rühren in die siedende Bouillon einrieseln lassen. Polenta 30 Minuten kochen, öfters rühren. Leicht auskühlen lassen.

Butter mit Knoblauch und Salbei in einer Pfanne aufschäumen.

Aus der Polenta mit zwei Esslöffeln Nocken formen. In der Knoblauch-Salbei-Butter bei mittlerer Hitze leicht bräunen.

Die Polentanocken mit der Butter beträufeln. Mit Parmesan servieren.

Für 4 Portionen

1,2 l Gemüsebouillon
80 g Buchweizenmehl
80 g Maisgriess (Bramata)
80 g feiner Maisgriess
50 g Butter
2–3 Knoblauchzehen, in Scheibchen geschnitten
einige Salbeiblättchen

Zum Servieren

100 g Parmesan, gerieben

Buchweizen ist der Samen eines Knöterichgewächses: Es wird in Höhenlagen angepflanzt, wo Getreide nicht reifen kann.

RISOTTO

Für die Bouillon Suppenhuhn und Gemüse in eine Pfanne geben. Mit Wasser bedecken und zugedeckt 3–5 Stunden leicht kochen. Flüssigkeit nach Bedarf ergänzen.
Öl in einer Pfanne erhitzen. Reis beifügen und andünsten. Schalotten dazugeben und dünsten. Wein dazugiessen und einkochen. Mit 4–6 Schöpflöffel Bouillon aufgiessen. Safran in wenig Bouillon auflösen und beifügen.
Restliche Bouillon nach und nach dazugiessen und Risotto unter ständigem Rühren **15–20 Minuten** kochen, bis die Reiskörner al dente sind. Der Risotto sollte noch leicht flüssig sein.
Hühnerleber und Steinpilze dazumischen, kurz aufkochen. Pfanne von der Herdplatte nehmen. Sbrinz unter den Risotto mischen. Mit Salz und Pfeffer abschmecken. Sofort servieren.

Für 4 Portionen
Olivenöl zum Andünsten
400 g Risottoreis,
z. B. Loto oder Arborio
3 Schalotten, fein gehackt
2 dl Rotwein, z. B. Merlot
1,5–2 l Hühnerbouillon*
1 Briefchen Safranpulver
100 g Hühnerleber
vom Suppenhuhn,
fein geschnitten
2 EL getrocknete Steinpilze,
eingeweicht, abgetropft
150 g Sbrinz, gerieben
Salz, Pfeffer

***Bouillon selbst gemacht**
1 Suppenhuhn
2 Rüebli, geviertelt
1 Stängel Stangensellerie
2 Stängel Prezzemolo
(glattblättrige Petersilie)

Riso Nostrano Ticinese wird seit 1997 zwischen Locarno und Ascona und in der Magadinoebene angepflanzt. Die Sorte heisst «Loto» – ein mittellanges Reiskorn, das nicht verkocht. Es ist die einzige Sorte, die knapp in unser Klima passt: Der Reis wird im Mai ausgesät und nach einer sardischen Anbaumethode während dem Wachstum mit Wasser besprüht. Die Ernte erfolgt im Oktober durch die Azienda Agricola Terreni alla Maggia S.A.

TORTA DI CASTAGNE

Für das Kastanienpüree Kastanien in eine Pfanne geben. Mit Wasser knapp bedecken und zugedeckt bei kleiner Hitze ca. 30 Minuten weich kochen.
Kastanien abtropfen lassen, dann pürieren. Ricotta, Zucker und Kirsch dazumischen. Kastanienpüree in die mit Folie ausgelegte Schüssel füllen, leicht andrücken. Zugedeckt ca. 10 Stunden kühl stellen.
Die Torta di Castagne auf eine Platte stürzen, evtl. mit einem Spachtel glatt streichen. Mit Amaretti, Rahm und kandierten Früchten garnieren.

Für 8 Portionen

1 Schüssel von ca. 1 l Inhalt
Klarsichtfolie
für die Schüssel

Kastanienpüree

1,5 kg Kastanien,
eingeschnitten,
aufgekocht, geschält
250 g Ricotta
ca. 100 g Zucker
4 EL Kirsch

Garnitur

ca. 100 g Amaretti
2 dl Vollrahm,
steif geschlagen
kandierte Früchte,
nach Belieben

Die Sorten «Edelkastanie» und «Marone» sind ab September/Oktober reif. Die kleinere Edelkastanie ist nicht so gut lagerfähig wie die grössere Marone. Beide sind wertvolle Nahrungsmittel mit wenig Fett, viel Ballaststoffen und sie regulieren den Säurebasenhaushalt.

Von Nudeln hörte man reden

und bereitet aus Buchweizen Pizzocheri,

während eine Gämse als Beute

heimzubringen den Jäger mit Stolz erfüllt.

Graubün

den

BÜNDNER GERSTENSUPPE

Gerste in Butter andünsten. Mit Bouillon ablöschen. Fleisch beifügen. Suppe 1 Stunde kochen.
Gemüse dazugeben und weitere 30–40 Minuten kochen. Mit Salz, Pfeffer und Muskatnuss abschmecken. Rahm und Petersilie beifügen.
Die Bündner Gerstensuppe in einer vorgewärmten Suppenschüssel anrichten.

Für 4–6 Portionen

80 g Rollgerste,
einige Stunden in Wasser
eingeweicht, abgetropft
Butter zum Andünsten
1,5 l leichte Gemüsebouillon
100 g Trockenfleisch,
in Würfeli geschnitten
2 Schalotten, fein geschnitten
1/3 Sellerieknolle
1 Rüebli und 1 Pfälzerrüebli,
gerüstet, in Würfeli geschnitten
1/2 Lauchstängel,
in feine Ringe geschnitten
2–3 Kohlblätter,
in feine Streifen geschnitten
Salz, Pfeffer, Muskatnuss
1 dl Vollrahm
1 Bund Petersilie, gehackt

Spelzgerste hat eine harte ungeniessbare Spelzschicht: Die Körner werden deshalb in Metallmühlen stark geschält und poliert – die so bearbeitete Gerste heisst Rollgerste. Im Gegensatz zu Weizen ist das Gerstenkorn auch im Kern mineralstoffreich.

CAPUNS

Für die Füllung Mehl mit Milch verrühren. Eier und Salz beifügen, glatt rühren. Fleisch und Brot in 5 mm grosse Würfeli schneiden und dazumischen. Schalotten und Lauch in Butter andünsten, Kräuter dazugeben. Zum Teig mischen.

Mangoldblätter ohne Stiele blanchieren, abtropfen lassen und auf ein Küchentuch legen. Je mit ca. 1 TL Füllung belegen, Längsseiten einschlagen und Blätter aufrollen. Capuns in eine weite Pfanne geben, mit Bouillon knapp bedecken und ca. 15 Minuten pochieren. Rahm dazugiessen und kurz erhitzen, abschmecken.

Die Capuns mit der Sauce auf einer vorgewärmten Platte anrichten.

Für 6 Portionen

ca. 25 Schnittmangoldblätter
5–7 dl Gemüsebouillon
1 dl Rahm
Salz, Pfeffer, Muskatnuss

Füllung

150 g Mehl, 0,5 dl Milch
2 Eier, verquirlt
1/2 TL Salz
50 g Bündnerfleisch
50 g Brot
1 Schalotte, fein geschnitten
1 EL feine Lauchwürfeli
Butter zum Andünsten
wenig Rosmarin,
Petersilie, Schnittlauch

PIZZOCHERI

Mehl, Salz, Milchwasser und Eier zu einem festen Knöpfliteig verrühren. Zugedeckt 1 Stunde ruhen lassen.

Für die Gemüsesuppe Schalotte und Knoblauch fein hacken und in Öl andünsten. In feine Streifen geschnittenes Gemüse, Erbsen und Fleischstängeli beifügen, dünsten. Mit Bouillon ablöschen. Suppe ca. 20 Minuten leicht kochen.

Teig portionenweise auf ein Brett streichen und mit einem Spachtel in die Suppe schaben. Ca. 5 Minuten ziehen lassen, sobald die Pizzocheri gar sind, steigen sie an die Oberfläche.

Die Pizzocheri mit dem Gemüse und Fleisch in einer vorgewärmten Schüssel anrichten. Nach Belieben mit geriebenem Käse bestreuen und Gemüsebouillon dazugiessen.

Für 4–6 Portionen

150 g Mehl
200 g Buchweizenmehl
1 TL Salz
1,5 dl halb Milch, halb Wasser
3 Eier, verquirlt

Gemüsesuppe

1 Schalotte
1 Knoblauchzehe
Olivenöl zum Andünsten
100 g Wirz
100 g Schnittmangold
oder Spinat
100 g frische Erbsen, ausgepalt
100 g Trockenfleisch
ca. 2 l leichte Gemüsebouillon

Zum Bestreuen

100 g Bündner Bergkäse

BÜNDNER BECKIBRATEN

Gigot mit Knoblauch spicken, mit Salz und Pfeffer würzen. In einen Bräter legen und mit Öl beträufeln. In der unteren Hälfte des auf 240 °C vorgeheizten Ofens 25 Minuten anbraten, dabei öfters mit Öl beträufeln.

Gemüse und Gewürze in den Bräter geben. Wein und Bouillon dazugiessen. Gigot im 180 °C heissen Ofen bei leicht geöffneter Ofentür 1 Stunde schmoren, dabei mehrmals mit Jus übergiessen.

Ofentemperatur auf 100 °C reduzieren und Gigot weitere 30 Minuten schmoren. Die Kerntemperatur im Gigot sollte 60–65 °C erreichen.

Für die Sauce Bratjus abschmecken und nach Bedarf in einem Pfännchen etwas einkochen.

Das Lammgigot bei Tisch tranchieren. Mit dem Gemüse auf vorgewärmten Tellern anrichten. Die Sauce in einer Sauciere servieren.

Für 8 Portionen

2,5 kg Lammgigot mit Knochen
6 Knoblauchzehen, geviertelt
Salz, Pfeffer aus der Mühle
Olivenöl zum Beträufeln
1 kg kleine Kartoffeln, z. B. Charlotte, geschält, ganz oder halbiert
4 Rüebli, geschält, längs geviertelt
1/4 Sellerieknolle, in Stücke geschnitten
4 Schalotten, ganz oder halbiert
Salz, Pfeffer
1 Zweig Rosmarin
3 Zweiglein Thymian
2 dl Weisswein
3 dl Fleischbouillon

Auf die sanfte «Gartour» zubereitet, bleibt das Lammgigot saftig und zart: Denn nur bei niedrigen Temperaturen können sich die Säfte im Fleisch verteilen und verdunsten nicht.

GÄMSPFEFFER

Für die Beize alle Zutaten in eine Schüssel geben. Fleisch beifügen und zugedeckt im Kühlschrank 5 Tage marinieren.

Fleisch und Gemüse aus der Beize nehmen, gut abtropfen lassen. Fleisch mit Mehl bestäuben und portionenweise in Öl anbraten. Zucker dazustreuen und kurz rösten. Tomatenpüree beifügen. Mit 3 dl Beize, Wein und Fond ablöschen. Gemüse dazugeben. Zugedeckt ca. 90 Minuten leicht kochen.

Sauce in ein Pfännchen absieben, einkochen, nach Bedarf mit Mehlbutter binden und abschmecken. Zum Fleisch giessen.

Für die Preiselbeeräpfel Äpfel schälen, waagrecht halbieren und mit einem Pariserlöffeli entkernen. In Zucker-Zitronen-Wasser weich kochen. Kurz vor dem Servieren abtropfen lassen und mit Konfitüre füllen.

Den Gämspfeffer mit den Preiselbeeräpfeln anrichten.

Dazu passen Knöpfli (Rezept Seite 110, Glarner Zoggle: Zubereitung ohne Schabziger).

Für 4–6 Portionen

1 kg Gämsfleisch, in Stücke geschnitten
3 EL Mehl
Erdnussöl zum Anbraten
1/2 TL Zucker
1 EL Tomatenpüree
2 dl Rotwein, 3 dl Wildfond
wenig Mehlbutter, nach Bedarf
Salz, Pfeffer

Beize

1 Rüebli und 1 Petersilienwurzel, in Stücke geschnitten
4 Schalotten, halbiert
3 Knoblauchzehen (ganz)
1 EL Wacholderbeeren
1 TL Pfefferkörner
6 dl Rotwein
0,5 dl Rotweinessig

Preiselbeeräpfel

4 Äpfel, fest kochende Sorte wie Cox Orange, Jonagold
2 EL Zucker
1/2 Zitrone, Saft
8 TL Preiselbeerkonfitüre

Das lange Marinieren ist bei Wild besonders wichtig: Wildfleisch hat viel zähes Bindegewebe, das sich in der säurehaltigen Beize lockert.

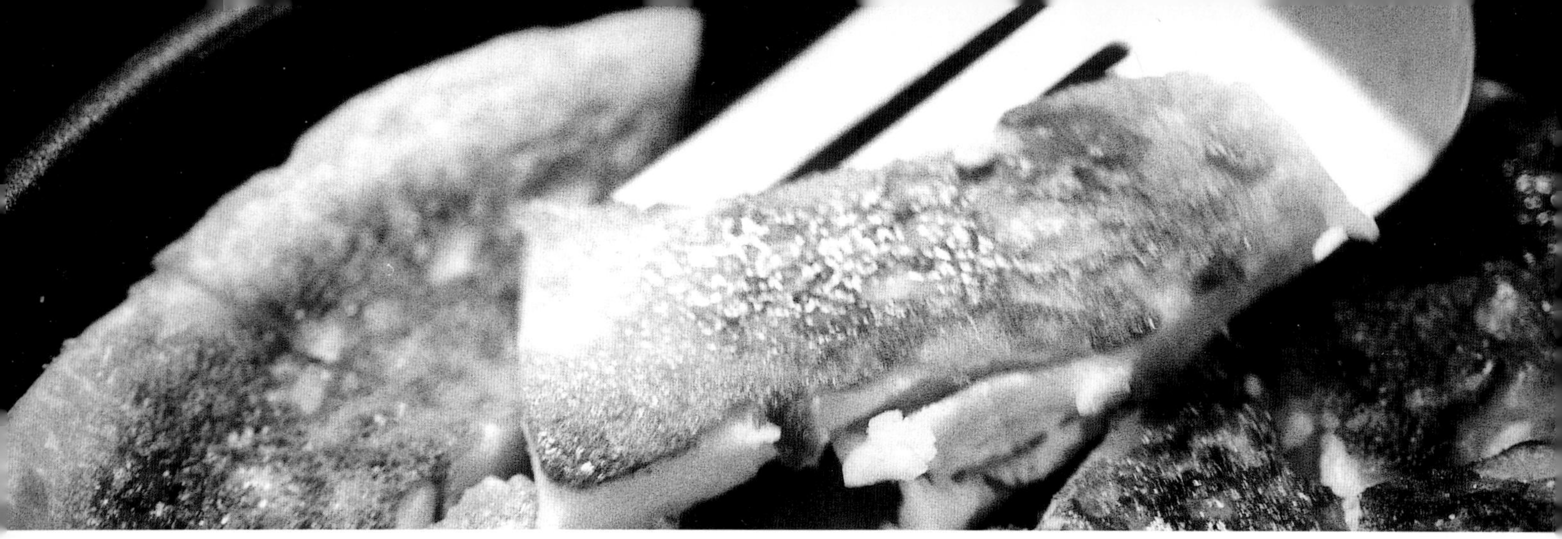

TATSCH MIT KOMPOTT

Mehl und Salz in einer Schüssel mischen. Milch und Eier beifügen. Zu einem glatten Teig verrühren. Butter dazumischen. Teig zugedeckt ca. 1 Stunde ruhen lassen.
Butter in einer Omelettenpfanne erhitzen. Teig in die Pfanne giessen und bei kleiner Hitze fest werden lassen. Tatsch mit einer Kelle in kleinere Stücke teilen und beidseitig hellbraun braten.
Für das Heidelbeerkompott Wasser mit Zucker sprudelnd aufkochen. Heidelbeeren beifügen und aufkochen.
Tatsch auf einer vorgewärmten Platte anrichten und mit Zimtzucker bestreuen. Das Heidelbeerkompott in einer vorgewärmten Schüssel servieren.
Tatsch (ohne Zimtzucker) passt auch zu Gemüse- und Fleischgerichten.

Für 4 Portionen

200 g Mehl
1 TL Salz
3 dl Milch
4 Eier, verquirlt
30 g Butter, flüssig
Butter zum Braten
Zimtzucker
zum Bestreuen

Heidelbeerkompott

1 dl Wasser
2 EL Zucker
300 g Heidelbeeren

Heidelbeeren sind ein Heidekrautgewächs: Die wild wachsende Waldheidelbeere hat zwischen Juni und September Saison. Die «kultivierte» Beere ist als Gartenheidelbeere und Blueberry bekannt.

REGISTER